MEDICINA LEGAL
para concursos

Diretor Geral: Evandro Guedes
Diretor de TI: Jadson Siqueira
Diretor Editorial: Javert Falco
Gerente Editorial: Mariana Passos
Editora Responsável: Fátima Rodrigues
Coordenação de Editoração, capa e diagramação: Alexandre Rossa
Autores: André Uchôa e Elvira Sampaio

Dados Internacionais de Catalogação na Publicação (CIP)
Jéssica de Oliveira Molinari CRB-8/9852

U19m
   Uchôa, André
      Medicina Legal / André Uchôa, Elvira Sampaio. -- 1. ed. -- Cascavel, PR : AlfaCon, 2023.
      126 p. (Coleção Para Concursos)

   Bibliografia
   ISBN 978-65-5918-638-9

   1. Serviço público - Concursos – Brasil 2. Medicina legal I. Título II. Sampaio, Elvira III. Série
23-1548   CDD 351.81076

Índices para catálogo sistemático:
1. Serviço público - Brasil - Concursos

Dúvidas?
Acesse: www.alfaconcursos.com.br/atendimento
Núcleo Editorial:
   Rua: Paraná, nº 3193, Centro - Cascavel/PR
   CEP: 85.810-010

Núcleo Comercial/Centro de Distribuição:
   Rua: Dias Leme, nº 489, Mooca - São Paulo/SP
   CEP: 03118-040

SAC: (45) 3037-8888

Data de fechamento 1ª impressão: 27/03/2023

Proteção de direitos
Todos os direitos autorais desta obra são reservados e protegidos pela Lei no 9.610/98. É proibida a reprodução de qualquer parte deste material didático, sem autorização prévia expressa por escrito do autor e da editora, por quaisquer meios empregados, sejam eletrônicos, mecânicos, videográficos, fonográficos, reprográficos, microfílmicos, fotográficos, gráficos ou quaisquer outros que possam vir a ser criados. Essas proibições também se aplicam à editoração da obra, bem como às suas características gráficas.

Atualizações e erratas
Esta obra é vendida como se apresenta. Atualizações - definidas a critério exclusivo da Editora AlfaCon, mediante análise pedagógica – e erratas serão disponibilizadas no site www.alfaconcursos.com.br/codigo, por meio do código disponível no final do material didático Ressaltamos que há a preocupação de oferecer ao leitor uma obra com a melhor qualidade possível, sem a incidência de erros técnicos e/ou de conteúdo. Caso ocorra alguma incorreção, solicitamos que o leitor, atenciosamente, colabore com sugestões, por meio do setor de atendimento do AlfaCon Concursos Públicos.

Apresentação

Caro aluno,

Agradecemos a sua confiança ao escolher esta obra da Editora AlfaCon para auxiliar em sua preparação neste passo tão importante que é a conquista da sua vaga em um concurso público!

O livro **Medicina Legal**, da coleção **Para Concursos**, apresenta os principais conceitos dessa disciplina com linguagem simples e objetiva.

Ao final do livro você encontrará uma série de questões gabaritadas, selecionadas das principais bancas e dos concursos mais recentes. Assim, você poderá conhecer como as bancas trabalham os temas de Medicina Legal nas provas e se preparar adequadamente.

Para complementar o estudo, você terá acesso, gratuitamente, a um curso on-line básico sobre Medicina Legal.

Nosso conteúdo, somado à sua dedicação aos estudos, o conduzirá à aprovação e ao tão sonhado cargo no serviço público.

Bons estudos e conte sempre com o AlfaCon!

SUMÁRIO

1 Introdução à Medicina Legal 7
    1.1 Conceito de Medicina Legal 7
    1.2 Áreas de atuação da Medicina Legal 7
    1.3 Criminologia, Criminalística e Medicina Legal 8

2 Peritos e perícias 9
    2.1 Conceitos e finalidades da perícia médico-legal 9
    2.2 Peritos 9
    2.3 Exame de corpo de delito 9
    2.4 Necropsia e perinecroscopia 11

3 Documentos médicos legais 12
    3.1 Definição 12
    3.2 Tipos de documentos médico-legais 12

4 Antropologia Forense 16
    4.1 Introdução à Antropologia Forense 16
    4.2 Noções de Osteologia 16
    4.3 Identidade e identificação criminal (Lei nº 12.037/2009) 16
    4.4 Formas de identificação médico-legal 17
    4.5 Identificação judiciária 19

5 Traumatologia Forense 22
    5.1 Introdução à Traumatologia Forense 22
    5.2 Estudo das lesões corporais 22
    5.3 Energias vulnerantes e suas classificações 22
    5.4 Lesões e mortes decorrentes da energia física de natureza mecânica 23
    5.5 Lesões e mortes decorrentes da energia física de natureza não mecânica 28
    5.6 Acidentes de trânsito 31

6 Asfixiologia Forense 33
    6.1 Introdução à Asfixiologia Forense 33

    6.2 Aspecto químico das asfixias 33
    6.3 Causas da asfixia 33
    6.4 Sinais gerais da asfixia – tríade asfíxica 33
    6.5 Modalidades da asfixia 34

7 Tanatologia Forense 37
    7.1 Introdução à Tanatologia Forense 37
    7.2 Comoriência e premoriência 37
    7.3 Tipos de morte 37
    7.4 Lesões *intra vitam* e *post mortem* 38
    7.5 Necropsia ou autopsia 39
    7.6 Fenômenos cadavéricos 39

8 Sexologia Forense 43
    8.1 Introdução à Sexologia Forense 43
    8.2 Gravidez, parto e puerpério 43
    8.3 Himenologia 44
    8.4 Provas de vida extrauterina 45
    8.5 Sinais periciais de conjunção carnal 45
    8.6 Perícia nos crimes sexuais 46
    8.7 Exames complementares 49
    8.8 Impotência 50
    8.9 Investigação de paternidade 50
    8.10 Parafilias 50
    8.11 Aspectos médico-legais do casamento – lesões que podem impedir a conjunção carnal 52

9 Toxicologia Forense 53
    9.1 Introdução à Toxicologia Forense 53
    9.2 Venenos ou tóxicos 53
    9.3 Elementos químicos que podem causar danos ao organismo 54
    9.4 Classificação das drogas psicotrópicas de acordo com seus efeitos 54

10 Psiquiatria Forense 61
10.1 Introdução à Psiquiatria Forense 61
10.2 Imputabilidade, responsabilidade e inimputabilidade 61
10.3 Limitadores e modificadores da imputabilidade penal e da capacidade civil 62
10.4 Síndromes clínicas 62
10.5 Perturbação mental 62
10.6 Doença mental 63

11 Infortunística 65
11.1 Culpa 65
11.2 Tipos de acidentes do trabalho 66
11.3 Bases legais 66
11.4 Medicina Legal 67
11.5 Perícias Médicas 68
11.6 Doença e trabalho 69
11.7 Doenças do trabalho 69
11.8 Sipat 70

Questões 71

Gabaritos 125

1 INTRODUÇÃO À MEDICINA LEGAL

Medicina Legal é a ciência que engloba e soma conhecimentos de diferentes áreas da Medicina e do Direito. A Medicina Legal (ou Forense) usa um conjunto de conhecimentos médicos, jurídicos, psíquicos e biológicos para informar, elaborar e executar diversas normas. As ciências que mais se relacionam com a Medicina Legal são Sociologia, Filosofia, Botânica, Zoologia e, principalmente, o Direito, com todas as suas áreas.

1.1 Conceito de Medicina Legal

"É o conjunto de conhecimentos médicos e paramédicos destinados a servir ao Direito e cooperando na elaboração, auxiliando na interpretação e colaborando na execução dos dispositivos legais no seu campo de ação de medicina aplicada".

GOMES, H. **Medicina legal**. 23. ed. Rio de Janeiro: Freitas Bastos, 1984, p.7.

"Medicina legal é a ciência e arte extrajurídica auxiliar alicerçada em um conjunto de conhecimentos médicos, paramédicos e biológicos destinados a defender os direitos e os interesses dos homens e da sociedade".

CROCE, D.; CROCE JR., D. **Manual de medicina legal**. 8. ed. São Paulo: Saraiva, 2012, p.29.

"A Medicina Legal caracteriza-se por ser um conjunto de conhecimentos médicos e paramédicos que, no âmbito do direito, concorrem para a elaboração, interpretação e execução das leis existentes e ainda permite, através da pesquisa científica, o seu aperfeiçoamento. É a medicina a serviço das ciências jurídicas e sociais".

BENFICA, F.S.; VAZ, M. **Medicina legal**. 2. ed. ver. atual. Porto Alegre: Livraria do Advogado, 2012, p.11.

"Medicina Legal é a ciência de aplicação dos conhecimentos médico-biológicos aos interesses do Direito constituído, do direito constituendo e à fiscalização do exercício médico-profissional".

MARANHÃO, O.R. **Curso básico de medicina legal**. 4. ed. rev. ampl. São Paulo: Revista dos Tribunais, 1991, p.26-27.

1.2 Áreas de atuação da Medicina Legal

1.2.1 Medicina geral

- **Deontologia:** agrupa os deveres dos profissionais de Medicina e as regras internas do exercício dessa profissão (Juramento de Hipócrates).
- **Diceologia:** estuda os direitos dos médicos e suas responsabilidades.

A Deontologia e a Diceologia constam do Código de Ética Médica.

1.2.2 Medicina específica

- **Antropologia forense:** estudo e pesquisa da identidade e da identificação do indivíduo com o uso de variadas técnicas e metodologia específica.
- **Asfixiologia forense:** estuda todas as hipóteses que podem ter levado o indivíduo a ter a oxigenação de seus tecidos prejudicada.
- **Psiquiatria forense:** procura compreender como as doenças e os transtornos mentais comprometem as esferas civil e penal.
- **Infortunística:** analisa doenças e acidentes que ocorrem na área do trabalho.
- **Sexologia forense:** cuida da sexualidade humana, do estudo da normalidade e da anormalidade, como atentado ao pudor, sedução, infanticídio, estupro, aborto, gravidez e anulação de casamento.
- **Obstetrícia forense:** estuda as complicações do nascimento e suas implicações legais.
- **Criminologia:** analisa o crime, o criminoso, a vítima e todas as condições capazes de explicar o que aconteceu.
- **Psicologia judiciária:** estuda as emoções envolvidas em declarações, depoimentos e confissões feitas pelo autor, independentemente da idade.
- **Traumatologia forense:** cuida das lesões corporais traumáticas, dolosas ou culposas, assim como dos acidentes de trabalho com causas exógenas.
- **Tanatologia:** é a parte que estuda a morte, quando esta aconteceu e o que a causou.
- **Toxicologia:** estuda os casos de envenenamentos, as substâncias entorpecentes, os tóxicos, o alcoolismo, os barbitúricos, suas causas e efeitos.
- **Vitimologia:** estuda a vítima para descobrir como, porque e quando foi cometido o crime contra ela.

1.3 Criminologia, Criminalística e Medicina Legal

- **Criminalística:** o perito criminal realiza essa parte do procedimento investigatório, sendo o responsável pela coleta dos elementos possíveis de provas, que embasarão a instrução probatória da investigação e do processo criminal (caso exista).
- **Criminologia:** estudo das causas e da etiologia do delito como um fenômeno social. Ciência que não busca a análise do caso concreto mas estuda o comportamento do delinquente como um todo.
- **Medicina Legal:** estuda as variações biológicas e psicológicas do organismo humano vivo e morto. Se relaciona com a materialidade de um possível delito e não com a sua autoria, culpa ou dolo.

2 PERITOS E PERÍCIAS

2.1 Conceitos e finalidades da perícia médico-legal

Perícia significa experiência, saber, habilidade. Trata-se da diligência com a finalidade de estabelecer a veracidade ou a falsidade de situações, fatos ou acontecimentos, por meio de prova.

A perícia médico-legal tem a finalidade de utilizar os exames realizados por profissionais da medicina em juízo.

Peritos são os especialistas em determinada área do conhecimento humano prestando serviços à justiça ou à polícia a respeito de fatos, pessoas ou coisas, por designação de autoridade competente.

2.2 Peritos

- **Peritos oficiais:** médicos legistas, papiloscopistas, psicólogos e outros. São servidores públicos aprovados por meio de concursos específicos.
- **Peritos nomeados:** são profissionais de diferentes áreas, nomeados por juiz ou delegado para situações específicas. No exercício dessa função, são considerados funcionários públicos, com as mesmas responsabilidades dos concursados.
- **Assistentes técnicos:** especialistas que acompanham o trabalho do perito oficial. São contratos pelas partes a seu critério e às suas custas e podem elaborar quesitos, acompanhar diligências e prestar depoimento em juízo, entre outros.

2.3 Exame de corpo de delito

É o conjunto de vestígios que se localizam no corpo da pessoa (lesões corporais) viva ou morta. É a reunião de elementos materiais resultantes de fatos criminosos ou acidentais que formarão e sustentarão a materialidade comprobatória da tipicidade do ato delituoso.

2.3.1 Tipos

Os exames de corpo de delito realizados em cadáveres podem ser:

- **Necropsia:** também chamada de exame necroscópico, tem por finalidade constatar a morte e o que a causou – tiros ou golpes, quantos e quais foram fatais. Deverá ser feita até 6 horas depois do óbito para certificação de que o indivíduo está morto mesmo. O exame necroscópico tem como função examinar e descobrir a data e a causa *mortis* e a identificação do *de cujus* nos casos de morte suspeita, esclarecendo dúvidas policiais e judiciárias. Em suicídios, homicídios e acidentes de trânsito e de trabalho esse exame é de grande relevância.
- **Exame cadavérico:** o médico-legista examina a parte externa do corpo, não havendo razão para incisões. Esse exame é feito em caso de morte violenta, aquela em que não pairam dúvidas quanto aos motivos do falecimento e que também não tenham incidido em infração penal.

- **Exumação de cadáver:** quando há a necessidade de exames complementares, a autoridade policial deve providenciar para que, em dia e hora determinados, seja realizada a diligência, devendo ser lavrado o auto circunstanciado. O local da sepultura deverá ser indicado pelo administrador do cemitério.
- **Exame visceral:** quando a causa da morte levantar suspeita ou não ocorrerem sinais de lesões externas ou um possível suicídio ou homicídio precisar ser elucidado, o cadáver será eviscerado, com retirada de vísceras ou parte delas no momento da necropsia. Fragmentos dos órgãos serão submetidos a exame laboratorial; amostras de sangue, urina e de conteúdo gástrico serão colhidas para exame laboratorial e toxicológico. Mortes por envenenamento, intoxicação, overdose, inalação de agentes tóxicos podem ser esclarecidas por esse exame.

2.3.2 Laudo

O médico-legista examina com detalhe e precisão a pessoa viva ou morta, registrando no laudo pericial o que conseguiu encontrar.

No laudo, deve constar o que foi encontrado na pessoa examinada e a descrição do resultado deve ser clara. No laudo, temos: preâmbulo, histórico, descrição, discussão, conclusão e respostas aos quesitos.

O laudo comprova a existência de lesões corporais dolosas ou culposas, não podendo haver argumentos refutáveis de que houve delito. Depois de pronto, o laudo é subscrito pelo examinador, sendo enviado para ser anexado ao inquérito policial.

2.3.3 Exames

- **Exame direto:** o perito examina de forma minuciosa, objetiva e direta o corpo da vítima.
- **Exame indireto:** o médico-legista utiliza a ficha clínica do hospital ou do pronto-socorro onde a vítima recebeu tratamento médico e elabora, com a maior clareza possível, o laudo.
- **Exame complementar:** é realizado quando o primeiro exame de corpo de delito se apresenta incompleto ou insatisfatório, com lacunas e dúvidas relacionadas à conclusão e ao resultado das lesões. Nesse caso, o art. 168 do CPP deixa a possibilidade de um segundo exame, determinado pela autoridade policial que preside o inquérito policial, ou pela autoridade judiciária, ou requerimento do Ministério Público, do ofendido ou do acusado, ou de seu defensor. Nele são analisados elementos que faltaram no primeiro exame e seu objetivo é aprimorar as conclusões. Caso os médicos-legistas não tenham condições de concluir sobre a classificação das lesões no primeiro exame, nele deverá constar a necessidade de um exame complementar após 30 dias a partir da data do delito.
- **Exames grafológicos:** são exames feitos por comparação. A autoridade encaminha aos peritos, para análise, o documento que considera falso e os documentos escritos de próprio punho pelos suspeitos.

- **Exames por precatória:** quando os exames periciais são feitos em outras comarcas, a autoridade judicial ou policial que preside o processo deverá pedir à autoridade do local que determine a realização do exame. Os quesitos das partes e da autoridade serão transcritos em precatória e a autoridade local fará a nomeação dos peritos.
- **Fotografia:** é um auxiliar importante na investigação de um crime, pois permite identificar o ambiente e as vítimas, além de fornecer pistas que podem levar ao criminoso e à descoberta de como o crime foi cometido. Nesse tipo de registro, temos todos os detalhes da cena que podem ser usados no esclarecimento do fato.

2.4 Necropsia e perinecroscopia

- **Necroscopia:** é o exame do cadáver. Realizado no Instituto Médico Legal pelo legista e por seus auxiliares, possui as partes interna e externa. Caso seja possível definir a causa da morte apenas com a avaliação externa, não há necessidade de análise de todas as cavidades do corpo.
- **Perinecroscopia:** é o exame de todos os vestígios deixados em volta do cadáver, normalmente feito por peritos criminais.

3 DOCUMENTOS MÉDICOS LEGAIS

3.1 Definição

São a exposição verbal e os instrumentos escritos por médicos que visam elucidar questões de relevância policial ou judicial, servindo como meio de prova.

3.2 Tipos de documentos médico-legais

3.2.1 Relatório médico-legal

É uma narração escrita de maneira minuciosa sobre todas as operações de uma perícia médica, determinada por autoridade policial ou judiciária.

De acordo com a elaboração, ele é classificado em laudo (relatório de perícia redigido por um dos peritos oficiais) ou auto (relatório ditado a um escrivão).

Os relatórios são compostos das seguintes partes:

- **Preâmbulo:** nele constam hora, data e local exatos onde o exame foi feito; a qualificação do perito; a qualificação do examinado; o nome da autoridade que requisitou o exame; o número da requisição; e o nome de quem determinou a perícia.

- **Quesitos:** são padronizados e oficiais, variando com o tipo de perícia para melhor aplicação dos dispositivos do Código Penal. A autoridade requisitante não precisa ficar presa a esses quesitos, podendo formular quesitos suplementares.

- **Histórico:** nele consta a análise do exame clínico, com narrativa do ocorrido contada pelo periciado. Em exames necroscópicos, o histórico fica restrito às informações fornecidas pela guia de encaminhamento policial. Quando a vítima não sofreu morte imediata e foi socorrida em hospital, a guia de encaminhamento hospitalar também é utilizada.

- **Descrição:** um dos peritos descreve detalhadamente para outro perito as lesões. Essa descrição deve mencionar a localização exata das lesões, relacionando-as com pontos fixos do corpo, descrever a forma, a coloração, a dimensão e, quando for uma ferida, discorrer sobre as bordas, os ângulos, as vertentes, a profundidade etc.

- **Discussão:** nesta etapa, os peritos têm liberdade para externar sua opinião e explicar o que for conveniente. Uma vez apresentada, ela não poderá ser refeita, pois, com o tempo, algumas condições que existiam na ocasião do exame são modificadas (lesões desaparecem, por exemplo).

- **Conclusão:** é a síntese da descrição e da discussão, devendo ser clara e expressar, sem margem de dúvida, o conteúdo do relatório.
- **Respostas aos quesitos:** os peritos devem responder de forma sintética e objetiva aos quesitos elaborados. Para cada tipo de laudo de corpo de delito existe um conjunto de quesitos oficiais.

3.2.2 Consulta médico-legal

Ela é feita quando o documento exprime dúvida sobre um relatório médico-legal e a autoridade ou um outro perito solicita o esclarecimento de pontos controvertidos, em geral formulando quesitos complementares. Decorre da não compreensão de algum aspecto do relatório ou pela superveniência de um fato novo no decorrer do processo.

São perguntas feitas aos peritos ou assistentes técnicos sob a forma de quesitos para que sejam respondidas por meio de pareceres médico-legais. Podem ser feitas pelo juiz e/ou pelas partes.

3.2.3 Parecer médico-legal

O parecer não utiliza o exame da vítima, nem a descrição, sendo composto por preâmbulo (qualificação do médico consultado e do autor da consulta), exposição (transcrição dos quesitos e do objeto da consulta) e conclusão (o consultado emitirá seu ponto de vista em relação aos fatos questionados).

Para elaborar o parecer, o médico examina os elementos dos autos desde o momento em que a autoridade policial tomou conhecimento do ocorrido até as declarações da vítima, do acusado, das testemunhas, os laudos de exame e de local, com a análise do laudo médico-legal. No parecer médico, a conclusão é a parte mais importante.

3.2.4 Atestado médico-legal

São afirmações de próprio punho ou digitadas do fato, com o respectivo carimbo e assinatura de quem o fornece. Apesar de não comprovarem compromisso legal, são documentos de importância e relevância, pois expressam a verdade sobre um fato. Podem ser:

- **Administrativos:** quando o serviço público necessita do atestado para autorizar licenças, abono de faltas, sanidade física e mental para ingresso no serviço público, aposentadoria, vacinação etc.
- **Judiciários ou médico-legais:** quando solicitados pelos juízes de direito, com interesse judicial, como nos casos de jurados que precisam justificar suas faltas ao Tribunal do Júri.
- **Oficiosos:** quando solicitados para comprovar a ausência durante algum tempo ou dia inteiro em escolas, trabalho, impossibilidade de realizar certas atividades, dispensa de educação física ou do serviço militar.

3.2.5 Notificação médico-legal

São comunicações compulsórias feitas pelos médicos a respeito de determinada doença ou fato, por necessidade social ou sanitária, desde que não exponham o paciente a procedimento criminal.

De acordo com a Lei das Contravenções Penais (LCP):

Art. 66 Deixar de comunicar à autoridade competente:

I - crime de ação pública, de que teve conhecimento no exercício de função pública, desde que a ação penal não dependa de representação;

II - crime de ação pública, de que teve conhecimento no exercício da medicina ou de outra profissão sanitária, desde que a ação penal não dependa de representação e a comunicação não exponha o cliente a procedimento criminal:

Pena - multa, de trezentos mil réis a três contos de réis.

De acordo com o Estatuto da Criança e do Adolescente (ECA):

Art. 13 Os casos de suspeita ou confirmação de castigo físico, de tratamento cruel ou degradante e de maus-tratos contra criança ou adolescente serão obrigatoriamente comunicados ao Conselho Tutelar da respectiva localidade, sem prejuízo de outras providências legais.

§ 1º As gestantes ou mães que manifestem interesse em entregar seus filhos para adoção serão obrigatoriamente encaminhadas, sem constrangimento, à Justiça da Infância e da Juventude.

§ 2º Os serviços de saúde em suas diferentes portas de entrada, os serviços de assistência social em seu componente especializado, o Centro de Referência Especializado de Assistência Social (Creas) e os demais órgãos do Sistema de Garantia de Direitos da Criança e do Adolescente deverão conferir máxima prioridade ao atendimento das crianças na faixa etária da primeira infância com suspeita ou confirmação de violência de qualquer natureza, formulando projeto terapêutico singular que inclua intervenção em rede e, se necessário, acompanhamento domiciliar.

De acordo com o Código Penal (CP):

Art. 269 Deixar o médico de denunciar à autoridade pública doença cuja notificação é compulsória:

Pena - detenção, de seis meses a dois anos, e multa.

3.2.6 Atestado ou declaração de óbito

É o documento que comprova a morte, suas causas e circunstâncias do ponto de vista médico. A certidão de óbito é o documento expedido pelo Cartório de Registro Civil, protegido pelo atestado de óbito. Este documento é específico, obrigatório para o sepultamento, para um novo casamento do(a) viúvo(a), em caso de herança, inventário, testamento, partilha de bens, requisição de pensão etc.

A Lei nº 6.015, em seu art. 77, expressa que não poderá, de forma alguma, ocorrer o sepultamento sem que haja a certidão de óbito, oriunda do cartório de registro do local do falecimento.

- **Em caso de morte natural:** quando não houver suspeita quanto à morte natural, o atestado de óbito é fornecido:
  » Pelo médico que estava cuidando do paciente;
  » Pelo médico que assistia o paciente no hospital;
  » Pelo médico plantonista que estava no hospital no momento da morte;
  » Pelo Serviço de Verificação de Óbito (SVO) quando a morte ocorreu sem assistência médica ou por causa desconhecida para realização da necropsia;
  » Pelo médico do serviço público de saúde mais próximo ou médico do município, quando a cidade não tiver SVO.
- **Em caso de morte suspeita:** os médicos legistas, depois da necropsia, são obrigados a fornecer a declaração de óbito, conforme o item 3 do art. 1º da Resolução nº 1.779/2005 do Conselho Federal de Medicina.

Serviço de Verificação de Óbito (SVO) é um serviço público denominado, pelo Ministério da Saúde, como "órgão oficial responsável pela realização de necropsias em pessoas que morreram sem assistência médica ou com diagnóstico de moléstia mal definida".

3.2.7 Depoimento oral

É uma declaração tomada em audiência de instrução e julgamento sobre fatos obscuros.

4 ANTROPOLOGIA FORENSE

4.1 Introdução à Antropologia Forense

A Antropologia Forense estuda o ser humano, suas características, seu comportamento e seu aspecto biológico. As pessoas se diferenciam pela aparência exterior, pelos traços fisionômicos (olhos, nariz, boca, lábios, sorriso, orelhas), por cabelos, atributos, peso e estatura.

Para esse estudo, os procedimentos devem ser práticos, baratos e fáceis. Exemplo: os canais de Havers dos ossos humanos não têm correspondência aos de qualquer outro animal; o formato do crânio permite identificar a raça a que o indivíduo pertence.

4.1.1 Conceitos

- **Identidade:** é o conjunto de características que diferencia e individualiza uma pessoa. É o que torna a pessoa única e exclusiva.
- **Identificação:** é o conjunto de procedimentos para buscar as características individuais, usando a tecnologia para chegar à identidade a ponto de permitir comparações. A identificação de animais e pessoas pode ser feita no organismo vivo, no morto ou em restos.
- **Reconhecimento:** procedimento empírico com baixo grau de precisão, feito por lei nos termos do art. 226 do CPP. Trata-se de um processo subjetivo para estabelecer a identidade, que se baseia na comparação da experiência passada renovada no presente.

4.2 Noções de Osteologia

A Osteologia Forense estuda os ossos, as cartilagens e as articulações de restos cadavéricos. Possui grande valor ao médico-legal e torna-se imprescindível utilizada associada a Antropologia Forense por possuir importância jurídica.

4.3 Identidade e identificação criminal (Lei nº 12.037/2009)

A Lei nº 12.037/2009 dispõe sobre as perícias oficiais e estabelece normas gerais para perícias de natureza criminal. Trata, ainda, de autonomia técnica, regime especial de trabalho e exigibilidade de formação superior (específica no caso de alguns peritos).

- **Autonomia técnica:** o perito tem liberdade para realizar os exames que julgar necessários sem perguntar antes ao juiz sobre a possibilidade dos procedimentos, devendo, depois, apresentar laudo com as suas conclusões.
- **Regime especial de trabalho:** caso o perito seja médico, como servidor público sua carga horária será de 4 horas por dia.
- **Formação superior:** dependerá da área de atuação do servidor. Será específica, por exemplo, para médico-legista (diplomado em medicina) ou odontolegista (dentista por formação).

4.4 Formas de identificação médico-legal

A perícia de identificação de pessoas é dividida em três fases:

- **Fichamento:** primeiro registro, em que se determinam as características imutáveis do indivíduo.
- **Verificação:** segundo registro, quando se procura a identificação do indivíduo.
- **Comparação (ou identificação propriamente dita):** quando se comparam os dois primeiros registros e se confirma ou não a identificação.

4.4.1 Identificação da espécie

Necessária em caso de exames de esqueletos, partes de ossadas, cadáveres carbonizados ou em decomposição. Geralmente, são utilizados dentes (arcada dentária), ossos, cabelos, pelos ou plasma sanguíneo.

4.4.2 Identificação da etnia (raça)

É realizada pelo índice cefálico (forma do crânio e ângulo facial) como caucasiano, mongólico, negroide, indiano e australoide:

- **Caucasianos:** apresentam faces mais estreitas, narizes longos e queixos proeminentes.
- **Negroides:** destacam-se por possuírem grandes aberturas nasais e cavidades subnasais.
- **Asiáticos e índios americanos:** exibem os ossos das bochechas salientes e características dentárias particulares.

No Brasil, a miscigenação das raças originou mulatos (resultado do cruzamento entre branco e negro), cafuzos (do cruzamento entre negro e índio, muito raro atualmente) e mamelucos (os que nascem do cruzamento entre branco e índio).

Crânio, arcadas dentárias e dentes permitem que se obtenham dados sobre espécie, grupo racial, sexo, altura, idade e individualidade.

4.4.3 Identificação do sexo (gênero)

Pode ser identificado por:

- **Cromossomos:** XX sexo feminino e XY sexo masculino.
- **Gônadas:** ovários no sexo feminino e testículos no sexo masculino.
- **Cromatina sexual:** com aplicação de corante em células humanas para identificar a presença de cromatina sexual no sexo feminino (segundo cromossomo X das mulheres é considerado inativo) e sua ausência no sexo masculino (o único cromossomo X que tem é ativo).
- **Genitália interna:** útero e ovário no sexo feminino; próstata no sexo masculino.
- **Genitália externa:** vagina e clitóris no sexo feminino e pênis e bolsa escrotal no sexo masculino.

- **Sexo jurídico:** o que aparece nos documentos do indivíduo, pressupondo-se que fez a determinação.
- **Sexo de identificação:** o sexo psíquico, de comportamento, que, na maior parte das vezes, está relacionado ao sexo físico. É a sexualidade do indivíduo.
- **Sexo pericial:** obtido por avaliação e com um laudo que avalia todos os aspectos.

A cromatina sexual é uma pequena massa condensada de um dos dois cromossomos X que aparece na mulher normal, geralmente localizada no interior da membrana nuclear durante a interfase. O número de cromatina sexual por núcleo é um a menos do que o número de cromossomos X. Nos homens normais (XY), não há cromatina sexual porque eles presentam apenas um cromossomo X (ativo).

No caso da identificação do sexo de cadáver em estado adiantado de putrefação, esquartejado ou carbonizado, procuram-se inicialmente a próstata e o pomo de Adão, que são estruturas masculinas, ou o útero, que é um órgão feminino. Não sendo possível, exames dos ossos podem fazer a diferenciação:

- **Ossos na mulher:** os ombros são mais estreitos, o tórax é menor e tem formato de ovo, o malar é menos saliente, a pelve é mais larga, o sacro mais curto e largo, o cóccix não alcança a parte inferior da bacia, os ossos são menos volumosos, as extremidades mais delicadas e as pernas representam 50% da estatura. A caixa craniana apresenta paredes ósseas mais finas, menores, leves e mais lisas, com protuberâncias pouco acentuadas; a face e os maxilares não são volumosos.
- **Ossos no homem:** os ombros são amplos, os ossos são mais volumosos, o tórax é maior e coniforme, o malar é saliente, a pélvis mais estreita, o sacro comprido, o cóccix chega próximo à parte inferior da pelve e as pernas correspondem a 56% da estatura. O pomo de Adão, estimulado pelo hormônio testosterona, apresenta ângulo agudo, convexo e saliente.

4.4.4 Identificação da idade

Pode ser determinada no indivíduo vivo em diferentes fases da vida (infância, adolescência e juventude). Com o passar do tempo, as alterações físicas (flacidez, rugosidade, pele seca, calvície, bolsa de gordura na pálpebra inferior, obesidade, aumento da próstata, manchas senis nas mãos) indicam a velhice. O desgaste dos dentes também pode auxiliar na determinação da idade.

A determinação da idade de cadáveres pode ser feita por aumento da próstata, atrofia do útero, fígado, baço, cérebro, rins, pulmões e testículos, que caracterizam a velhice. Em cadáveres carbonizados ou em fase de decomposição, a identificação é feita pelos ossos. A análise de pontos de ossificação e de soldadura epifisária permite essa aferição.

A radiografia dos ossos dos punhos, das mãos e do crânio também auxilia na identificação. Nos punhos e nas mãos, o cálculo da idade é feito pela análise das soldaduras e dos núcleos de ossificação. No crânio, a radiografia permite verificar as fontanelas (moleira), indicando que é um bebê. Na fase adulta, as suturas dos ossos do crânio facilitam a identificação e, nos idosos, a diminuição de volume e peso (atrofia) dos ossos e a fragilidade óssea indicam osteopenia (diminuição da densidade dos ossos).

4.4.5 Identificação da estatura

Tabelas que podem ser aplicadas sobre vários tipos de ossos auxiliam na determinação da estatura do indivíduo, usando a tábua osteométrica de Broca. Por exemplo, se o fêmur mede 48,6 cm, o indivíduo vivo tinha 1,80 m.

Para esta análise, utiliza-se a técnica da PCR (reação em cadeia da polimerase), que permite multiplicar milhares de vezes um fragmento específico de DNA. A partir dessa técnica, é possível obter cópias de uma parte do DNA em quantidade suficiente para detectar e analisar a sequência que interessa.

4.4.6 Identificação pela rugopalatoscopia

- **Palatoscopia:** estuda as rugas do palato (céu da boca), que se formam no 3º mês de gestação, pelo método de comparação com documento que contenha essas impressões obtidas anteriormente.

- **Queiloscopia:** é o estudo das impressões labiais que são imutáveis e permanentes desde a 6ª semana de gestação, também pode ser utilizada na identificação.

4.4.7 Identificação pela arcada dentária

A identificação pelos dentes pode ser feita com uma ficha dentária fornecida pelo dentista da vítima. A presença de restaurações ou colocação de prótese facilita o reconhecimento.

4.4.8 Identificação por DNA

O diagnóstico molecular permite a identificação genética do ser humano, sendo instrumento pericial eficiente. Com ele, podemos determinar uma pequena massa de tecido carbonizado da vítima; e usando amostras de sangue de seu possível filho, fazer a identificação.

Em caso de estupro seguido de morte, podem-se utilizar amostras da secreção vaginal da vítima, um pouco de saliva dela e sangue dos suspeitos.

4.4.9 Sinais específicos que auxiliam na identificação

Podemos usar sinais individuais (verrugas, manchas), malformações (lábio leporino, desvios de coluna, fratura mal consolidada), sinais profissionais (calosidades), cicatrizes traumáticas (acidentes, queimaduras) ou patológicas (cirurgias, vacinas).

4.5 Identificação judiciária

A Polícia Civil utiliza vários processos para identificar pessoas: fotografias, dados qualificativos e filiação, documentos como RG e CNH, mas eles podem ser falsificados. Por isso, nada supera a papiloscopia, que analisa as impressões digitais, desenhos papilares encontrados nas polpas dos dedos das mãos e na sola dos pés, o que é universalmente aceito.

4.5.1 Papiloscopia

4.5.1.1 Conceito e divisão

A papiloscopia se divide em:

- **Quiroscopia:** que identifica por meio das impressões da palma da mão.
- **Podoscopia:** que identifica pelas impressões da sola dos pés. Esse método é usado nas maternidades para identificação dos recém-nascidos.
- **Poroscopia:** que identifica os poros digitais (sistema de Locard).
- **Albodactilograma:** é o estudo da presença de linhas brancas nos desenhos papilares, variando na forma, na direção e no tamanho (sistema de Locard).
- **Datiloscopia:** que identifica pelos desenhos papilares das polpas dos dedos das mãos. Esse sistema foi criado por Juan Vucetich e as digitais são caracterizadas por forma de arco, presilha interna (da esquerda para a direita), presilha externa (da direita para a esquerda) e verticilo (forma circular). Os detalhes em triângulo formados pelas linhas são denominados de deltas.

4.5.1.2 Sistema datiloscópico de Vucetich

Um desenho digital é formado por linhas que estão na margem chamadas de linhas marginais. As linhas que estão na base são chamadas de basais. As linhas localizadas no centro são chamadas de linhas centrais. O encontro dessas linhas irá formar um desenho – letra grega chamada delta.

Existem 4 tipos fundamentais dentro do sistema de Juan Vucetich:

- **Verticilo:** desenho digital com 2 deltas.
- **Presilha externa:** há uma laçada, localizada à esquerda do observador.
- **Presilha interna:** há uma laçada, localizada à direita do observador.
- **Arco:** não há nenhuma laçada ou linhas centrais, logo, não se forma o delta.

4.5.2 Sistema antropométrico de Bertillon

Utiliza o método de Alphonse Bertillon para diferenciar traços especiais do corpo e, assim, reconhecer criminosos. Esse método se vale da fotografia sinalética, do retrato falado e adota os desenhos papilares de Vucetich em suas fichas antropométricas.

- **Fotografia sinalética:** é uma fotografia normal, com redução em 1/7 de frente e de perfil direito, permitindo calcular e cotejar a altura da testa, as formas e o diâmetro do nariz e da boca, bem como altura do pavilhão auricular e a estatura do indivíduo.
- **Retrato falado:** descreve a pessoa reconstituindo seus traços fisionômicos a partir da fala de um terceiro indivíduo que viu a pessoa ou a conhece. Todos os dados e características devem ser informados ao policial desenhista para que ele faça um esboço e, depois, elabore o retrato. Apesar de ser um recurso complementar, esse processo é muito útil na procura de desaparecidos e infratores.

- **Sobreposição de imagens:** utiliza-se uma fotografia da pessoa a ser identificada e se sobrepõe essa imagem à fotografia do crânio. Com a sobreposição das imagens, é possível determinar a compatibilidade das duas fotos pela marcação de pontos craniométricos específicos. Pelo crânio, podemos obter diversas informações sobre a vítima: tempo transcorrido desde a morte, sexo e grupo racial humano.
- **Técnica de reconstituição bidimensional e tridimensional:** inclui o emprego de desenhos ou montagens de imagens digitais sobre um crânio. Já existem softwares para esse tipo de estudo.

5 TRAUMATOLOGIA FORENSE

5.1 Introdução à Traumatologia Forense

A Traumatologia Forense é um ramo da Medicina Legal que estuda os traumas e as lesões corporais resultantes de traumatismos de ordem física, química ou psicológica. O estudo é feito com o exame de corpo de delito, o exame pericial na vítima e no local do crime.

O trauma é uma energia que pode ser de ordem física, química, biológica ou mista. Essa energia, quando transferida para o corpo, causa uma lesão. O trauma e a lesão estão relacionados, pois a lesão é a consequência do trauma, porém pode existir lesão sem trauma e trauma sem lesão.

5.2 Estudo das lesões corporais

Lesão corporal é qualquer alteração na integridade corporal, feita de maneira culposa ou dolosa, no corpo ou nos tecidos de uma pessoa (um beliscão, por exemplo, pode caracterizar uma lesão corporal).

A perícia na lesão corporal deve constatar ou não a existência da lesão, determinar o nexo-causal entre o agente e a lesão, o tempo e a época em que ela foi produzida.

As lesões corporais podem ser simples (leve), qualificada, privilegiada, culposa ou dolosa majorada.

5.3 Energias vulnerantes e suas classificações

A origem da energia pode ser:

- **Ativa:** objeto em movimento, corpo em repouso.
- **Passiva:** objeto em repouso e corpo em movimento.
- **Mista:** objeto em movimento e corpo em movimento.

Os mecanismos de transmissão de energia cinética dos agentes vulnerantes são pressão, sucção, compressão, tração, torção, flexão, cisalhamento e deslizamento.

5.3.1 Energia química

Atua nos tecidos vivos, por meio de substâncias que provocam alterações somáticas, fisiológicas ou psíquicas, podendo levar o indivíduo à morte.

- **Ação cáustica externa:** quando agem sobre os tecidos provocando desorganização e destruição, processo conhecido como vitriolagem. Podem ter ação como:
  » **Coagulantes:** desidratando os tecidos e formando escaras endurecidas, como fazem o nitrato de prata, o cloreto de zinco e sulfato de cobre.
  » **Liquefacientes:** produzindo escaras úmidas e moles, como faz a soda, a potassa e a amônia.

> **Ação sistêmica (venenos):** são substâncias que atuam sobre a química do organismo, lesando a integridade corporal, a saúde e podendo provocar morte. Geralmente penetram pela boca, pelas mucosas (gástrica, retal, nasal), pela pele, pela região intramuscular, intraperitoneal, intravenosa e intra-arterial. A eliminação desses compostos se faz por urina, fezes, pulmões, suor, saliva e bile. Os venenos podem ser classificados quanto ao estado físico (líquidos, sólidos e gasosos), à origem (animal, vegetal, mineral e sintéticos), às funções químicas (óxidos, ácidos, bases e sais) e ao uso (doméstico, agrícola, industrial, medicinal e cosmético).

5.3.2 Energia biológica

Leva em consideração as condições orgânicas e de defesa de cada indivíduo.

5.3.3 Energia mista

É uma energia físico-química, ligada à Asfixiologia Forense. A asfixia ocorre quando as energias físico-químicas impedem a passagem de ar pelas vias respiratórias e alteram a bioquímica do sangue.

5.3.4 Energia física

É a energia que muda o estado físico dos corpos. Subdivide-se em energia física mecânica e energia física não mecânica.

5.4 Lesões e mortes decorrentes da energia física de natureza mecânica

A energia física de origem mecânica é a que depende do movimento para ser transferida entre dois pontos. Essa energia é calculada, por meio, da fórmula da energia cinética ($E_c = \frac{m \cdot v^2}{2}$). É importante ter conhecimento da fórmula para responder, por exemplo, o que causa a morte de um indivíduo por projétil de arma de fogo, se a massa do projétil ou a velocidade com que atinge o corpo. Nesse caso, a resposta é a velocidade implementada no projétil, pois um projétil arremessado com a mão, por exemplo, não tem a capacidade de causar a morte de uma pessoa. Ainda, os projéteis são classificados em baixa velocidade (viajam a uma velocidade inferior a 340 m/s), média velocidade (viajam a uma velocidade entre 340 e 680 m/s) e alta velocidade (viajam a uma velocidade maior que 680 m/s).

5.4.1 Instrumentos mecânicos ou agentes vulnerantes de natureza mecânica

Instrumento vulnerante é aquele que causa lesão (alteração no funcionamento do organismo, causada pela ação de uma certa quantidade de energia química, física, biológica ou mista, que quando transferida para o corpo causa o trauma).

5.4.1.1 Classificação dos instrumentos mecânicos de ação simples

- **Instrumento de ação contundente:** o contato ocorre por meio de uma superfície; não há ponta nem gume (borda aguçada). É um agente que não corta e nem perfura, somente contunde. São espécies de lesões por ação contundente:
    - » **Rubefação:** é entendida por uma congestão repentina e momentânea, a qual é evidenciada por uma mancha vermelha na pele.
    - » **Escoriação:** lesão na qual é arrancada traumaticamente a epiderme e expõe-se a derme sem ultrapassá-la. Se consolida por regeneração.
    - » **Ferida:** lesão na qual é arrancada traumaticamente a epiderme, ultrapassando a derme e atingindo os planos mais profundos, como o tecido muscular, o tecido adiposo e as grandes cavidades do corpo. Se consolida por cicatrização.
    - » **Equimose:** é a infiltração do sangue nas malhas dos tecidos adjacentes à lesão vista por transparência de uma lesão em uma membrana (por exemplo pele, pericárdio, conjuntiva e subconjuntivais) que venha a recobrir um órgão ou tecido.
    - » **Hematoma:** há o extravasamento de sangue formando uma coleção de sangue (isto é, coleção hemática). Logo, a coleção de sangue afasta os tecidos se alinhando ali, formando uma cavidade que não havia antes, ou seja, gerando uma cavidade neoformada.
    - » **Bossa serosa ou linfática:** hematoma em que o líquido extravasado é o de linfa proveniente dos vasos linfáticos traumatizados, formando bolsas linfáticas entre os planos ósseos e a região.
    - » **Bossa sanguínea:** hematoma em que o líquido extravasado impede a difusão do sangue nas malhas dos tecidos, formando bolsas salientes.
    - » **Entorse e luxação:** os ossos são conectados por ligamentos, que são protegidos por cápsulas. O estiramento de uma ligação, que é a união entre dois ossos, é a chamada entorse (os ligamentos foram esticados, podem até ter sido rompidos total ou parcialmente, mas não há a perda de ligação entre os ossos). Já quando ocorre a perda do contato entre os ossos se tem uma luxação. Assim, é possível existir entorse sem luxação, contudo não há luxação sem entorse.
    - » **Fraturas:** são soluções de continuidade do osso, que podem se dar por compressão, flexão ou torção. Podem ser diretas (ocorrem no local onde incidiu a energia vulnerante) ou indiretas (ocorrem em local diverso, queda em pé de certa altura e fratura do crânio).
    - » **Defenestração:** é o ato de atirar algo ou alguém janela afora.
- **Instrumento de ação perfurante:** o contato ocorre por meio de uma ponta. Esses agentes somente perfuram, mas não cortam, pois não têm lâmina, e não contundem, pois não têm massa suficiente para causar lesão. Podem ser de pequeno ou médio calibre. A lesão causada é punctória ou puntiforme (lesão em ponto).

- **Instrumento de ação cortante:** o contato ocorre por meio de uma borda aguçada. É um instrumento que somente corta, pois não tem massa avançada para causar contusão e não tem ponta para perfurar. A lesão causada por ele é a chamada lesão incisa. São espécies de lesões por ação cortante:
  » **Esgorjamento:** lesão incisa na região anterior do pescoço ou lateral.
  » **Degolamento:** lesão incisa na região atrás do pescoço, isto é, na nuca (região da nuca).

5.4.1.2 Classificação dos instrumentos mecânicos de ação composta

- **Instrumento de ação perfurocortante:** o contato ocorre por meio de uma ponta e uma borda aguçada. É um instrumento que perfura, porque tem uma ponta, e corta, pois tem uma lâmina. A lesão é chamada de perfuroincisa. São espécies de lesões por ação perfurocortante:
  » **Perfuroincisas:** quando o agente vulnerante perfura e corta, sendo a ação por pressão e deslizamento.
  » **Lesão em sanfona:** ocorre em regiões depressíveis, que permitem que o instrumento alcance profundidades maiores que a sua própria extensão.
  » **Evisceração:** quando o ferimento ocorre na região abdominal, acarretando em saída das vísceras.

- **Instrumento de ação perfurocontundente:** o contato ocorre por meio de uma ponta romba. É aquele que perfura, porque tem ponta, e contunde, pois tem uma massa avantajada que, quando acelerada por uma velocidade, gera energia cinética; quando essa energia é impactada com o corpo altera o seu estado normal de funcionamento, causando uma lesão, chamada de perfurocontusa. São espécies de lesões provocadas por ações perfurocontundentes:
  » **Encravamento:** lesão perfurocontusa feita por um instrumento de haste que entra no corpo, desde que não seja o períneo (região que fica em torno do ânus e da vagina ou do ânus e saco escrotal).
  » **Empalamento:** lesão perfurocontusa feita por um instrumento de haste que entra no corpo, desde que seja no períneo. É necessário que esse objeto não seja retirado pelo bombeiro, mas que seja cortado e levado junto ao corpo da vítima para que o médico o retire cirurgicamente.
  » **Lesões produzidas por projétil de arma de fogo (PAF):** a arma de fogo é um instrumento perfurocontundente, pois a maioria delas têm ponta (perfura) e têm grande energia cinética, gerando uma grande contusão.

- **Instrumento de ação cortocontundente:** o contato ocorre por meio de uma borda aguçada com grande massa. É um instrumento que corta, pois tem lâmina, e contunde, porque tem uma massa avantajada. A lesão causada é chamada de cortocontusa. São espécies de lesões por ação cortocontundente:
  » **Decapitação:** lesão incisa que consiste na secção completa da cabeça do corpo.
  » **Espostejamento:** cortar em multiplicidade de fragmentos do corpo, os quais se mostram irregulares.

» **Esquartejamento:** representado pela amputação, desarticulação, divisão do corpo em quartos. Se, no momento do esquartejamento, as bordas estiverem retraídas, no momento do ato a pessoa estava viva.

5.4.1.3 Lesões produzidas por projétil de arma de fogo (PAF)

▶ Elementos que compõem o cone de dispersão do tiro:
  » Pólvora, que pode ser combusta (que sofreu combustão) ou incombusta (que não sofreu combustão).
  » Micropartículas de metal do cano da arma.
  » Gases superaquecidos – quando ocorre a combustão há a composição de gases.
  » Língua de fogo.
  » Fumaça.

▶ Disparo – efeitos e distância:
  » **Efeito primário do tiro:** são aqueles efeitos que resultam do projetil, isto é, são característicos do ponto de impacto e independem da distância do tiro. Significa dizer que os efeitos primários do tiro estarão presentes nos tiros em curta e a longa distância.
  » **Efeito secundário do tiro:** são resultantes dos tiros encostados ou em curta distância, da ação dos gases, de seus efeitos explosivos, de resíduos da combustão da pólvora e de microprojéteis. Portanto, os efeitos secundários do tiro não são produzidos pelos projéteis (esses são os efeitos primários), pois estes são formados pelos elementos do cone de dispersão.

▶ Orlas:
  » **Orla enxugo (orla limpadura ou orla Chavigny):** quando o projétil entra na pele, ele se "limpa" na pele, podendo ser observado na lesão de entrada. As bordas são de entrada, pois estão para dentro, ou seja, estão invertidas (diferentemente da borda de saída que terá borda evertida, isto é, para fora). O sinal de Chavigny também aparecerá nas lesões incisas quando se entrecruzam (são epônimos na Medicina Legal).
  » **Orla de contusão ou orla de equimose:** quando o projétil entra no corpo, ele arrebenta os vasos/capilares sanguíneos, o que gera um extravasamento de sangue, que irá se infiltrar nas malhas dos tecidos causando uma lesão chamada de orla de equimose.
  » **Orla de escoriação:** se o projétil entrar perpendicularmente (formando um ângulo de 90°) no corpo, irá arrancar a epiderme e expor a derme, atingindo camadas mais profundas, causando uma ferida chamada de orla de escoriação.
  » **Anel de Fisch:** a doutrina médico-legal utiliza a orla de equimose e a soma com a orla de Chavigny, resultando no anel de Fisch.

- **Análise do trajeto – conceito de cavidades:** quando o projétil sai do cano da arma, ele irá descrever alguns movimentos, que têm por objetivo gerar mais estabilidade ao projétil, pois existe menos resistência do ar contra ele e, consequentemente, gastará menos energia cinética. São movimentos do projétil:
  » **Rotação:** primeiro movimento realizado pelo projétil. Ocorre quando o projétil gira em seu próprio eixo.
  » **Translação:** movimento que o projétil faz da arma até o alvo.
  » **Nutação e precessão:** muitas armas de fogo apresentam cano de almas raiadas e essas raias/sulcos fazem com que o projétil gire fazendo movimentos eliquoidais (em círculo). Nutação é o círculo pequeno e precessão o círculo maior. As raias podem ser voltadas para a direita (são chamadas de raias dextrogenas) e para a esquerda (são chamadas de raias sinistrogenas).
  » **Báscula:** o projétil gira em forma de parafuso. Ademais, ao descrever uma trajetória, em um determinado momento, ele pode estar com a ponta elevada e outra hora estar com a retaguarda levantada.

Existem canos de alma lisa (espingarda calibre 12) e canos de alma raiada (essas raias podem ser viradas para a direita e para a esquerda). Essas raias geram uma marca nos projeteis chamada de estria. As estrias podem ser:
  » **Primárias:** ocasionadas pelas raias originárias produzidas pelo cano da arma.
  » **Secundárias:** eventuais defeitos das raias geram as estrias secundárias.
  » **Terciárias:** desgastes e alterações das raias geram as estrias terciárias.

- **Características das lesões de entrada produzidas por PAF:**
  » **Bordas invertidas:** bordas voltadas para dentro, regulares (regra). Exceção: o cano não pode ser encostado com plano ósseo por baixo, pois, caso seja, será característico o sinal de boca de mina de Hoffman.
  » **Bordas evertidas:** bordas voltadas para fora. O crânio é formado por duas tábuas ósseas e, se o tiro quebrá-las, os elementos do cone de dispersão baterão no osso, explodindo-as para fora, formando uma lesão em cratera; nesse caso, as bordas são irregulares e evertidas.

- **Características das lesões de saída produzidas por PAF:**
  » **Bordas evertidas e irregulares:** quando o projetil entra no corpo da vítima, normalmente ele se desestabiliza ao transcrever um trajeto, pois precisa gastar mais energia cinética, gerando uma cavidade temporária e permanente. Contudo, ao sair, ele sai mais desestabilizado do que entrou, fazendo com que as bordas sejam voltadas para fora (bordas evertidas), gerando lesões irregulares.

5.4.1.4 Lesões corporais e morte por explosivos

- **Noções introdutórias:** a quantidade excessiva de gases ocasiona um aumento da pressão ao redor do foco e uma compressão súbita do ar, gerando uma onda de choque, um *blast*.

- **Blasts:**
  - *Blast* **primário:** é a onda de choque propriamente dita. A intensidade do *blast* sobre o corpo diminui quanto mais distante a pessoa estiver da explosão. Os órgãos e as cavidades que contêm ar são os mais afetados pelo *blast* primário.
  - *Blast* **secundário:** trata-se do lançamento dos fragmentos, como estilhaços ou projéteis colocados no interior da granada. A fragmentação dos elementos ocorre pelo *blast* primário, porém os pedaços são propelidos pelo vento explosivo; transformados em projéteis supersônicos, esses fragmentos penetram no corpo da vítima com uma ação perfurocontundente.
  - *Blast* **terciário:** onda de choque que atua sobre as pessoas ao redor da explosão, jogando-as contra o chão ou lançando objetos, tendo como resultado lesões por ação contundente ativa e passiva.

5.5 Lesões e mortes decorrentes da energia física de natureza não mecânica

A energia física não mecânica é aquela que não depende do movimento do corpo para ser transferida.

5.5.1 Energia térmica

5.5.1.1 Noções introdutórias

As energias não mecânicas de energia térmica são oriundas da variação térmica (temperatura), ou seja, dependem da variação da temperatura para serem transferidas.

5.5.1.2 Lesões provocadas pela ação do calor

- **Termonose:** ocorre através de doenças (mau funcionamento do organismo) oriundas da variação de temperatura. Existem duas espécies de termonoses:
  - **Insolação:** termonose oriunda de uma ação solar (fonte do calor). O ser humano pode ter como sintomas tonturas e enjoo.
  - **Intermação:** a fonte de calor é qualquer outra que não seja o sol. Vale ressaltar que a fonte de calor não toca no corpo da vítima.
- **Queimadura:** a fonte de calor toca no corpo da vítima. As queimaduras podem ser de primeiro, segundo, terceiro e quarto graus pela classificação de Hoffmann. Contudo, a classificação de Krisec divide as queimaduras em superficial e parcial (profunda e total).

5.5.1.3 Lesões provocadas pela ação do frio

- **Hipotermia:** quando a temperatura corporal está abaixo de 35 °C o corpo perde mais calor do que pode gerar. É normalmente causada pela permanência prolongada em ambientes muito frios.

> **Geladura:** quando é intensa, a exposição do corpo por tempo demorado pode provocar congestão e tumefação da pele, acompanhadas de manifestações abundantes de prurido e queimação, podendo evoluir para gangrena.
>> **Acrocianose:** é uma forma de geladura que acomete as mãos (às vezes os pés), deixando-as suadas, frias e azuladas em razão de distúrbios circulatórios.

5.5.1.4 Agentes vulnerantes de natureza térmica

> **Fogo:** é possível observar lesões de todos os graus, algumas mais gerais do que locais, em que não é rara a carbonização e os pelos são crestados. Ademais, há a possibilidade de existirem áreas integras em meio a outras gravemente queimadas (lesão em mapa geográfico).

> **Sólido incandescente:** as lesões são mais gerais do que locais, sendo vistos, também, os pelos crestados. Pela classificação de Lussena-Hoffman carboniza em todos os graus.

> **Líquido fervente:** não cresta os pelos e não carboniza. Provoca queimaduras de primeiro, segundo e terceiro graus, de acordo com a classificação de Lussena-Hoffman, e as queimaduras se apresentam em graus decrescentes de gravidade ao escorrer. As lesões são mais gerais que locais.

> **Vapor superaquecido:** normalmente são lesões acidentais (mas podem ser criminosas) e são mais gerais do que locais. Não carboniza e não cresta pelo.

5.5.2 Energia elétrica

5.5.2.1 Noções introdutórias

A energia física não mecânica de origem elétrica é transferida pela vibração dos elétrons.

5.5.2.2 Energia elétrica natural

As lesões causadas pela energia elétrica de ordem natural ou cósmica são chamadas de eletrofulguração. Alguns autores diferenciam a eletrofulguração (atingiu a pessoa, mas ela perdeu a consciência e a retomou logo em seguida) da eletrofulminação (ao atingir a pessoa causou seu óbito).

5.5.2.3 Energia elétrica industrial

Se a energia for de origem industrial, tem-se a chamada lesão de eletroplessão (cuidado, não é eletropressão). O ferimento é gerado pela eletricidade artificial (energia elétrica de origem industrial).

5.5.3 Energia barométrica

5.5.3.1 Noções introdutórias

Baropatias são doenças oriundas da variação na pressão atmosférica. É a energia transferida pela variação da pressão ao nível do mar.

5.5.3.2 Baropatias causadas pela diminuição da pressão

- **Mal das montanhas ou mal dos aviadores:** o ar fica rarefeito quanto mais alto estiver. Trata-se se um quadro agudo que tem como principais características:
  » Acima de 3.000 m – ar rarefeito: 21% de O_2.
  » Hipóxia relativa.
  » Quadro agudo.
  » Edemas cerebral e pulmonar.
  » Fortes dores de cabeça.
  » Náuseas, tonteiras e dispneia.
  » Tendência a retenção de líquidos.
- **Doença de Monge:** é a forma crônica do mal das montanhas. Suas principais características são:
  » Atividade de eritropoietina (EPO).
  » Aumento de hematopoiese.
  » Poliglobulia compensadora.
  » Sangue denso.
  » Maior risco de trombose.
  » Dedos em baqueta de tambor.

5.5.3.3 Baropatias causadas pelo aumento da pressão

- **Mal dos mergulhadores:** também pode ser chamado de mal dos caixões. Se subdivide em duas espécies:
  » **Doença da descompressão:** é uma patologia do mal dos mergulhadores, que ocorre de forma crônica quando o mergulhador não sobe para a superfície de maneira gradual. Tem como principais características acúmulo de gases descomprimidos nas articulações, contratura dolorosa, maior concentração de nitrogênio na mistura e fenômeno Bend.
  » **Embolia traumática pelo ar:** é a forma aguda do mal dos mergulhadores. Nela, o ar dissolvido se descomprime rapidamente, gerando roturas dos vasos e vísceras e, em razão disso, muitas vezes se chega na superfície sem consciência ou morto. Tem como principais características rotura das paredes alveolares, hemorragia intrapulmonar, gases caindo na circulação arterial, disseminação universal e embolias gasosas difusas.

5.5.3.4 Leis da física no estudo das lesões barométricas

- **Lei de Boyle Mariotte:** sob temperatura constante, o volume de um gás é inversamente proporcional à pressão exercida sobre ele; logo, quanto menor o volume maior será a pressão.

- **Lei de Henry:** o gás que está entrando no corpo do mergulhador precisa ficar diluído em algum lugar (massa líquida do sangue); logo, quanto maior for a pressão desse gás, maior será a quantidade de gás que conseguirá dissolver na massa líquida.
- **Lei de Dalton:** a pressão exercida por uma mistura gasosa é igual a soma das pressões parciais de cada um dos gases que compõem aquela mistura.

5.5.3.5 Baropatias por explosões

Explosão é o efeito produzido pela transformação química de determinadas substâncias que, de forma violenta e brusca, produz uma quantidade excessiva de gases com capacidade de causar malefícios à vida ou à saúde de um ou de vários indivíduos.

Essa quantidade excessiva de gases ocasiona aumento da pressão ao redor do foco e compressão súbita do ar, gerando uma onda de choque, um *blast*.

5.6 Acidentes de trânsito

As infrações ao Código Brasileiro de Trânsito são, geralmente, a causa de muitos acidentes que têm responsabilidade penal ou civil. A intervenção do médico-legista é imprescindível na prevenção dos acidentes e na apreciação da aptidão física dos condutores de veículos.

5.6.1 Causas dos acidentes

- **Imperícia:** quando o condutor não tem habilidade técnica para exercer a atividade.
- **Imprudência:** quando o condutor age de maneira desatenta, não atendendo aos cuidados e à cautela que a atividade exige.
- **Negligência:** o condutor não age de acordo com as normas vigentes para o trânsito.

5.6.2 Modalidades de acidentes

- **Atropelamento:** ocorre quando o veículo em movimento se choca contra um pedestre que está passando, projetando-o à distância, provocando, com o impacto, lesões corporais culposas ou homicídio culposo, conforme a intensidade do choque.
- **Colisão:** quando dois veículos em movimento se chocam com intensidade de força frontal ou quando um colide com a traseira do outro, gerando, além de dano material, vítimas.
- **Choque:** um veículo encontra de maneira violenta um obstáculo.
- **Capotamento:** é a imobilização de um veículo, em determinado local, com as rodas para cima. O acidente pode ser causado pelo próprio veículo, cujo motorista perdeu a direção. No caso de uma colisão para depois o capotamento, um veículo colide com outro, jogando para a esquerda ou direita, virando e permanecendo parado, com as rodas para o ar.

- **Tombamento:** o veículo sai de sua posição normal, vira e fica imobilizado, tombado com uma das laterais no solo e as rodas para o lado.
- **Abalroamento:** um veículo em movimento provoca colisão lateral com outro veículo, que pode estar parado ou não. Geralmente esse tipo de acidente gera danos materiais pelo atrito das laterais dos dois carros.

5.6.3 Consequências dos acidentes

Os acidentes de trânsito podem provocar lesões corporais de forma culposa, que podem ser leves, graves e gravíssimas, como luxações, contusões, hematomas, edemas, escoriações, fraturas, mutilações etc. Quando geram vítimas fatais, o local do acidente apresenta corpos despedaçados e espalhados na região.

O médico-legista, em caso de acidente de trânsito, fará os exames de corpo de delito conforme o caso (lesões corporais culposas ou homicídios culposos), tendo em vista a grande quantidade de crimes de trânsito na forma dolosa (dolo eventual).

6 ASFIXIOLOGIA FORENSE

6.1 Introdução à Asfixiologia Forense

A asfixia é marcada por um quadro de hipercabia (ou hipercapnia) e pela hipóxia.

- **Hipóxia:** baixa quantidade de oxigênio circulante em um quadro arterial.
- **Hipercabia (ou hipercapnia):** elevada quantidade de gás carbônico circulante no sangue arterial.

Etimologicamente, a asfixia significa falta de pulso femoral. As artérias pulsam quando o coração faz movimento de sístole e diástole; quando o ventrículo esquerdo se comprime joga sangue dentro da artéria aorta, o que gera um pulso capaz de ser sentido em algumas artérias como a femoral.

6.2 Aspecto químico das asfixias

O corpo humano é uma máquina que precisa de energia química armazenada no ATP a partir da oxidação da molécula de glicose (6C H12 O6 - principal fonte de energia).

6.3 Causas da asfixia

- Presença de O_2 no ar atmosférico.
- Penetração de O_2 no organismo.
- Fluxo de O_2 nas vias respiratórias.
- Captação de O_2 pelo sangue.
- Transporte de O_2 até as células.
- Utilização de O_2 nas mitocôndrias.
- Gás cianídrico.

6.4 Sinais gerais da asfixia – tríade asfíxica

Os sinais gerais de asfixia são observados em quase todas as asfixias:

- **Sangue fluido e escuro:** quando a quantidade de hidrogênio livre for muito alta (isso gera a vasodilatação), a hemoglobina tenta anular esse hidrogênio positivo que não está sendo capturado pelo oxigênio, pois o ser humano está sendo asfixiado. Assim, ela tentará se ligar ao hidrogênio e formará a hemoglobina reduzida e o sangue terá a cor azulada.
- **Congestão poliviceral:** órgão congesto é o órgão repleto de sangue. Isso ocorre pois a acidose celular possui uma grande quantidade de íons de hidrogênio positivo gerando ácido lático e, no momento em que o organismo percebe isso, os quimiorreceptores da carótida observarão se o tipo de sangue que está passando ali é rico em hidrogênio positivo, avisando ao encéfalo que dará um comando de vasodilatação generalizada para acelerar a circulação sanguínea.

▸ **Petéquias disseminadas:** o órgão repleto de sangue faz com que a pressão do sangue aumente e extravase (a pessoa está viva), gerando petéquias disseminadas no tecido, também chamadas de manchas de Tardieu.

6.5 Modalidades da asfixia

Podem ocorrer por impedimento do fluxo de ar nos pulmões, pela modificação do ar ambiente respirável e por meio de constrições do pescoço.

6.5.1 Impedimento do fluxo de ar nos pulmões

6.5.1.1 Sufocação direta

É a oclusão dos orifícios da faringe e da laringe.

▸ **Obstrução dos orifícios respiratórios naturais:** por exemplo, pode acontecer do saco amniótico do feto arrebentar e tampar narinas e boca do recém-nascido. Nessa condição, há uma morte violenta acidental por sufocação direta. Já em casos não acidentais, o perito irá procurar estigmas digitais e ungueais, contudo, nem sempre eles estarão presentes, pois, caso o agente tenha utilizado um travesseiro para sufocar outra pessoa, esses estigmas não irão aparecer.

▸ **Obstrução das vias áreas superiores:** a obstrução da traqueia é uma hipótese de sufocação direta, por exemplo.

6.5.1.2 Sufocação indireta

Vias aéreas superiores e orifícios naturais não estarão obstruídos.

▸ **Compressão do tórax:** por exemplo, em caso de desmoronamento da casa com a laje caindo em cima do tórax do ser humano. Isso impede a expansão da caixa torácica; o coração será comprimido contra a coluna vertebral e os movimentos respiratórios de contração e extensão ficarão prejudicados; o sangue acumulado dentro dos vasos irá aumentar a sua pressão, extravasar e surgirão diversas petéquias em face, pescoço e parte alta do tórax, a chamada máscara equimótica de Morestin.

▸ **Crucificação:** o ser humano crucificado (um prego em cada mão) terá sua musculatura intercostal em estado de extenuação, o que fará com quem ela não consiga contrair e relaxar para que haja os movimentos respiratórios e a morte se dará por sufocação indireta. Logo, a crucificação causou a extenuação dessa musculatura, não sendo possível realizar a inspiração e a expiração do ar.

▸ **Paralisia da musculatura respiratória:**

» **Relaxamento:** por exemplo a asfixia por curare (utilizada pelos índios na caça), pois o curare gera um relaxamento muscular generalizado, fazendo com que o pulmão não consiga dilatar e se contrair.

» **Tetanização da musculatura respiratória:** a contração ininterrupta ocasionará a tetanização da musculatura respiratória.

6.5.2 Modificação do ar ambiente respirável

O ar ambiental é composto por 78% de nitrogênio, 21% de oxigênio e 1% de outros gases.

6.5.2.1 Soterramento

O ar ambiental está sendo substituído por um sólido pulverulento.

- **Soterramento em sentido estrito:** o sólido pulverulento precisa ingressar em vias aéreas (orifícios respiratórios naturais), faringe, laringe, traqueia etc.
- **Soterramento em sentido amplo:** basta que o cadáver esteja pulverulento sólido (corpo coberto pelos sólidos).

6.5.2.2 Afogamento

É uma modalidade de asfixia em que ocorre a substituição do ar ambiental respirável por um líquido que, normalmente, é a água, contudo, pode ser o sangue (assim vemos no esgorjamento, por exemplo, em que o sangue vai para dentro da traqueia).

- Afogado branco de Parrot e afogado azul:
    » **Afogado verdadeiro/real/azul/molhado:** há o ingresso do líquido nas vias aéreas, chegando aos alvéolos.
    » **Afogado branco de Parrot:** o indivíduo será encontrado morto em uma massa líquida, mas os sinais patognomônicos de afogamento não estarão presentes.
- Afogamento em água doce e afogamento em água salgada:
    » **Água doce:** conclui-se que o sangue que já tinha água irá receber mais água ainda e ficará menos concentrado. Assim, a hemodiluição do sangue no átrio esquerdo é maior do que a hemodiluição do átrio direito (o sangue terá menos água).
    » **Água salgada:** encontram-se muitas partículas de sal. Quando a água salgada chega ao alvéolo, ela tem mais sal do que a água que se encontra no sangue, portanto, o sal que está em maior quantidade no pulmão irá passar para o sangue. Assim, o sal não passa pela membrana do capilar, pois somente a água passará.
- Sinais de certeza de afogamento:
    » Alteração nas densidades dos átrios.
    » Alteração no ponto de congelamento.
    » Algas diatomáceas.
    » Enfisema hidroaéreo (também chamado de cogumelo de espuma) – não é um sinal patognomônico.
    » Presença de mancha de Pautalf.

6.5.2.3 Confinamento

Substituição do ar ambiental por um gás (não tóxico e não respirável).

- **Teoria física do confinamento:** o corpo humano normalmente é mais quente que o ambiente e sem renovação do ar ambiental haverá o aumento da temperatura ambiental. Em razão disso, o suor evapora, aumenta a umidade do ar ambiental e a umidade do ambiente retardará a evaporação do suor. Assim, a temperatura corporal irá aumentar e ocorrerá a hipertermia.

- **Teoria química do confinamento:** sem renovação do ar ambiental, os níveis de gás carbônico aumentam e o centro respiratório bulbar estimulado pelo CO_2 acelera o ritmo respiratório. Em razão disso, o consumo de oxigênio aumentará, fazendo com que apareçam os sinais de hipóxia e hipercapnia. Essa é uma hipótese de respiração anaeróbica (sem o consumo de oxigênio), responsável pelo quadro de acidose celular (ocorre nos casos em que esse tipo de respiração perdurar muito tempo).

6.5.3 Constrições do pescoço

- **Enforcamento:** com laço tracionado pelo peso do corpo da vítima.
- **Estrangulamento:** com laço tracionado por qualquer outra força diferente do peso do corpo da vítima.
- **Esganadura:** com as mãos. Não há laço. O que irá apertar o pescoço da vítima são as mãos do agressor.

6.5.4 Outras modalidades de asfixia

- **Asfixia por monóxido de carbono:** o CO tem uma afinidade pela hemoglobina maior do que a hemoglobina tem com o oxigênio. As principais características dessa asfixia são:
    » O monóxido de carbono é inodoro, insípido, incolor e miscível ao ar.
    » Possui afinidade com a hemoglobina aproximadamente 300 vezes maior do que com o gás oxigênio, sendo, portanto, muito tóxico.
    » É um subproduto da combustão.
    » As possíveis vítimas não têm consciência.

- **Asfixia por cianeto:** age na enzima da citopromo-oxidase, impedindo a ação desta e, na medida que impede essa ação, a ligação química não ocorre; nesse sentido, o oxigênio está dentro da mitocôndria e não se ligará ao hidrogênio, levando a célula a acidificar e morrer. Portanto, trata-se de uma asfixia química. As principais características dessa asfixia são:
    » Hemorragia na mucosa gástrica (polpa de goiaba).
    » Exala odor de amêndoas amargas.
    » Possui ação química em nível intracelular, afetando a cadeia respiratória na mitocôndria.

7 TANATOLOGIA FORENSE

7.1 Introdução à Tanatologia Forense

Tanatologia é o estudo da morte, enquanto a tanatopsia é o exame do cadáver. O objeto de estudo da tanatologia é estudar os sinais imediatos e tardios de morte, inclusive os sinais cadavéricos e a causa jurídica da morte (suspeita, natural, violenta, agônica), entre outros temas.

Autopsia é a nomenclatura usada no código penal, mas também é possível utilizar a expressão *necropsia*.

A morte é um processo que terá um encadeamento na estrutura corpórea, pois ocorre a desorganização do organismo em razão dos fatores externos ou internos.

De qualquer forma, quando estamos falando de morte, estamos falando da presença dos sinais de morte e a literatura divide esses sinais em imediatos (não são sinais de certeza) e mediatos.

7.2 Comoriência e premoriência

O perito legista vai buscar primeiramente a premoriência, contudo, muitas vezes a perícia não vai conseguir estabelecer quem morreu primeiro naquela situação e, nesse caso, o Código Civil vai priorizar a comoriência (situação em que se presume que as pessoas morreram ao mesmo tempo).

Vale ressaltar que a premoriência no Brasil jamais poderá ser presumida, pois ela precisa ser comprovada tecnicamente sempre, podendo somente a comoriência ser presumida (em outros países a regra é a premoriência, por exemplo, o mais velho morreu antes do novo).

7.3 Tipos de morte

7.3.1 Morte natural, morte violenta e perinecroscopia

- **Morte natural:** causas internas. Se dá em virtude do mau funcionamento do organismo, que pode ocorrer por conta de uma patologia (por exemplo AVC e câncer).

- **Morte violenta:** causas externas. Se dá em virtude de energia externa que altera o funcionamento do organismo, modificando a sua homeostasia e o equilíbrio físico, químico e biológico, fazendo a vida cessar. A energia que faz esse desequilíbrio ser implementado é externa em virtude de suicídio, acidente e morte (por exemplo atropelamento ou enforcamento). Nesse caso o atestado de óbito deve ser de responsabilidade do perito legista e o cadáver tem que ser encaminhado para o IML, pois é obrigatória a autopsia ou a necropsia.

- **Perinecroscopia:** exame de todos os vestígios deixados em volta do cadáver, normalmente feito por peritos criminais.

7.3.2 Morte suspeita

Quando não se sabe se a morte foi natural ou violenta, o corpo irá para o IML para que o perito legista possa dizer se foi hipótese de morte violenta ou natural.

Tanto o suicídio quanto o homicídio são mortes violentas e não suspeitas e quem terá que dar esse atestado de óbito é o perito legista e a investigação cessará essa dúvida.

Causa desconhecida ocorre quando, na ocasião do encontro do cadáver, ainda não se sabe se a causa foi interna ou externa.

7.3.3 Morte súbita

Não é sinônimo de morte agônica. O conceito de morte subida envolve as seguintes características:

- Não pode ser violenta.
- Precisa ser natural.
- Tem que ser inesperada.
- Pode ser fulminante ou agônica.

7.3.4 Mortes fetais

- **Prematuras:** feto com menos de 500 g, menos de 5 meses e menos de 25 cm.
- **Intermediárias:** feto com menos de 1.000 g, menos de 6 meses e menos de 35 cm.
- **Tardias:** feto com mais de 1.000 g, mais de 6 meses e mais de 35 cm.

Nos casos de morte fetal prematura, o médico não está obrigado a fornecer declaração de óbito. Já nos casos de morte fetal intermediária ou tardia, há essa obrigatoriedade para o sepultamento.

7.3.5 Mortes agônicas

Ocorrem nos casos em que um indivíduo sente alguma dor, é internado e morre três dias depois.

7.4 Lesões *intra vitam* e *post mortem*

As lesões *intra vitam*, principalmente as contusões, apresentam infiltrações hemorrágicas, coagulação do sangue, ferimento com bordas afastadas, equimoses com coloração fixa em vida, escoriações com presença de crosta, reação inflamatória, eritema cutâneo, flictenas com líquido seroso rico em albumina e leucócitos (queimaduras).

Já as lesões *post mortem* não apresentam infiltrações hemorrágicas (lesões brancas), coagulação do sangue, retração dos tecidos, presença de tonalidade das equimoses, aspectos das escoriações, reações inflamatórias e embolias.

As provas complementares para esses diagnósticos podem ser:

- **Prova de Verderau:** compara a relação existente entre hemácias e leucócitos.
- **Prova histológica:** examina os tecidos com técnicas próprias através da retirada, fixação, montagem e coloração pela hauratoxiluraeosina.

7.5 Necropsia ou autopsia

Trata-se de um procedimento *post mortem* para determinar a causa jurídica da morte (natural, acidental, suicídio, homicídio). É obrigatório nos casos de morte violenta e nos que possam ter vínculo com atividade laborativa.

É dividido em perinecroscopia e necropsia:

- **Perinecroscopia:** exame em torno do cadáver.
- **Necropsia:** exame do cadáver.

A necropsia é realizada no IML, pelo legista e seus auxiliares. Caso seja possível definir a causa médica da morte a partir da avaliação externa do corpo, não há a necessidade de necropsia interna (análise de todas as cavidades do corpo). Caso o perito não seja capaz de determinar a causa da morte com as necropsias externa e interna, ocorre a necropsia branca (ausência de achados que expliquem a causa da morte).

7.6 Fenômenos cadavéricos

A evolução dos fenômenos cadavéricos difere de um para outro corpo, de acordo com o estado de nutrição, causa da morte, idade, condições do ambiente etc. Mais comumente, a evolução dos fenômenos cadavéricos ocorre nessa cronologia:

Evolução dos fenômenos cadavéricos	
Tempo	**Cronologia**
< 2 horas	Corpo flácido, quente e sem livores.
2 - 4 horas	Rigidez da nuca e mandíbula e esboço de livores.
4 - 6 horas	Rigidez de membros anteriores, nuca, mandíbula e livores acentuado.
8 - 36 horas	Rigidez generalizada e livores.
24 horas	Início da flacidez e da putrefação.
48 horas	Flacidez, putrefação e início da coliquação.
72 horas	Coliquação.
2 - 3 anos	Desaparecimento das partes moles.
> 3 anos	Esqueletização completa.

7.6.1 Cronotanatognose

É o exame que investiga as circunstâncias em que ocorreu determinada morte para se esclarecer o *modus operandi*. Associa a cronologia e os fenômenos, ajudando o perito a estabelecer o tempo aproximado da morte a partir do fornecimento de parâmetros e levando em consideração que o tempo de ocorrência dos fenômenos sofre influência de diversos fatores (por exemplo a umidade e o calor aceleram os fenômenos, enquanto locais mais secos e frios os retardam).

Na determinação do tempo de morte, é utilizada, ainda, a análise da fauna cadavérica, que se baseia na especificidade de algumas espécies de animais, relacionadas a certa fase de decomposição do corpo.

7.6.2 Sinais abióticos imediatos de morte

São os sinais que ocorrem logo após a morte. Também conhecidos como sinais primários, não são sinais de certeza da morte. São eles:

- Perda da consciência.
- Perda da sensibilidade.
- Abolição da motilidade e do tônus muscular.
- Parada cardiorrespiratória.
- Ausência de atividade cerebral.

7.6.3 Sinais abióticos mediatos ou consecutivos de morte

São os sinais que aparecem após determinado prazo, sendo sinais de certeza e não de probabilidade de morte. São eles:

- **Evaporação tegumentar:** evaporação dos líquidos do corpo. É um fenômeno físico onde podem se verificar apergaminhamento da pele, dissecação das mucosas, fenômenos não oculares, tela viscosa de Stenon-Louis e mancha negra de Larcer-Sommer.
- **Resfriamento cadavérico:** fenômeno físico decorrente do fluxo de temperatura entre o cadáver e o ambiente.
- **Rigidez cadavérica:** fenômeno químico observado entre duas e três horas após a morte, chegando ao máximo depois de oito horas e desaparecendo após 24 horas, quando se inicia a putrefação. A sequência observada começa pela mandíbula e segue por nuca, tronco, membros torácicos e membros abdominais (lei de Nysten).
- **Espasmo cadavérico:** rigidez muscular instantânea (assim que ocorre a morte), mantendo o cadáver na última posição até o início da putrefação. Logo, se existe um caso de morte imediatamente surgem os sinais e, dentre eles, está o relaxamento muscular generalizado.
- **Livores cadavéricos:** são manchas arroxeadas resultantes do acúmulo de sangue no interior dos vasos sanguíneos nas regiões de maior declive do cadáver, ou seja, os livores ocorrem pelo depósito de sangue em algumas partes do corpo em razão da ação da gravidade.

7.6.4 Fenômenos transformativos do cadáver

7.6.4.1 Fenômenos transformativos conservadores do cadáver

- **Mumificação:** ocorre quando o corpo sofre forte desidratação, sendo um fenômeno físico-químico. Pode ocorrer naturalmente, quando provocada pelo calor do deserto ou pela grande ventilação em galerias; e artificialmente, quando os cadáveres são tratados com determinadas substâncias químicas. A pele escura, seca e dura, análoga ao couro, é um traço marcante desse processo.
- **Saponificação:** transforma o cadáver que está em adiantado estado de putrefação em uma substância amarelada ou amarelo-escura, com aparência de cera ou sabão; também chamada de adipocera, geralmente ocorre em cadáveres que ficam em região úmida, terreno argiloso ou encharcado.
- **Calcificação:** atinge os fetos retidos na cavidade abdominal, nos casos de gravidez ectópica. O feto morre fora do líquido amniótico, em um ambiente que não é propício ao seu desenvolvimento, ficando impregnado de cálcio, com aparência pétrea.
- **Corificação:** externamente o cadáver fica com aspecto de couro, enquanto internamente vísceras e músculos permanecem conservados, mas amolecidos. Ocorre nos casos em que os cadáveres são colocados em ambientes sem ar (por exemplo caixões lacrados, hermeticamente fechados, revestidos com folhas de zinco). Como o ar não adentra, os agentes que aceleram a decomposição não entram em contato com o cadáver, causando ressecamento e impedindo e a sua completa decomposição.

7.6.4.2 Fenômenos transformativos destrutivos do cadáver

- **Autólise:** inicia a decomposição com a desintegração dos tecidos pela ação das enzimas de acidificação.
- **Maceração:** durante a putrefação, a umidade ou o excesso de água podem agir sobre o cadáver. Pode ser:
  - **Maceração asséptica:** feita em líquido estéril, como a que ocorre em fetos retidos no útero depois da morte.
  - **Maceração séptica:** ocorre em líquido contaminado, como em casos de afogamentos, em que se notam retalhos de pele sendo destacados do cadáver.
- **Putrefação:** progressivamente os tecidos são destruídos pela ação de micro-organismos. São as fases da putrefação:
  - **Fase cromática ou de coloração:** dentro dos eritrócitos tem-se a hemoglobina (proteína), que irá se ligar com outros compostos químicos, levando o cadáver a apresentar cores ou manchas.
  - **Fase enfisematosa ou gasosa:** a circulação póstuma de Brouardel marca a segunda fase de putrefação, em que ocorre a produção de gases, pois as bactérias que irão digerir o cadáver de dentro para fora formam o gás sulfídrico, que começará a se expandir; consequentemente, o sangue depositado nas áreas de maior declive do corpo (livores) será impulsionado pelos gases (o sangue agora se movimenta pela expansão dos gases em virtude da putrefação e não através dos batimentos cardíacos).

> **Fase coliquativa:** ocorre a destruição das partes moles do cadáver e ele passa a ser um todo putrefeito, sendo a fase marcada pela dissolução dos tecidos moles. As vísceras perdem as suas características morfológicas, havendo a exposição do esqueleto.

> **Fase de esqueletização:** é a exposição dos ossos do esqueleto e pode ser parcial ou total.

7.6.5 Destinos do cadáver

7.6.5.1 Cremação

Técnica funerária que visa reduzir um corpo a cinzas através da queima do cadáver. O método comum no mundo ocidental é a cremação do cadáver em fornos crematórios desenvolvidos para esse fim.

7.6.5.2 Inumação e exumação (arts. 163 a 166, CP)

- **Inumação:** depois de confirmada a morte, com atestado de óbito lavrado e registrado no cartório e depois de decorridas 24 horas, efetua-se o sepultamento do cadáver. Caso a morte seja ocasionada por moléstia infecciosa, o sepultamento pode ser imediato; em caso de morte suspeita ou violenta não poderá ser feita a inumação do corpo antes do exame necroscópico.

- **Exumação:** é o ato de desenterrar o cadáver quando há a necessidade de exames complementares ou se não foram feitos antes da inumação. A autoridade policial deve providenciar dia e hora previamente determinados para a diligência, devendo lavrar auto circunstanciado. O administrador do cemitério deverá indicar a localização da sepultura. Há três tipos:

    > **Administrativa:** decorrido o lapso de tempo do aluguel da sepultura, a administração do cemitério exuma os restos mortais e remete ao ossário ou às caixas destinadas aos columbários. Ocorre a partir de três anos da morte.

    > **Judicial:** destinada a esclarecer alguma dúvida jurídica – área criminal, civil, trabalhista etc.

    > **Arqueológica:** destinada a pesquisas fósseis (pesquisas arqueológicas e históricas).

7.6.6 Morte e Lei dos Transplantes de Órgãos

A Lei nº 9.434/1997 (Lei de transplante de órgãos e tecidos) menciona que, para ocorrer a morte encefálica, não basta o cérebro morrer, pois os neurônios que determinam os batimentos cardíacos e os movimentos respiratórios são determinados pelos neurônios que se localizam na ponte e no bulbo. Portanto, a lei menciona que para haver a morte encefálica é necessário que haja a morte da ponte e do bulbo (tronco cerebral).

8 SEXOLOGIA FORENSE

8.1 Introdução à Sexologia Forense

É a parte da Medicina Legal que estuda os problemas médico-legais relacionados ao sexo.

8.2 Gravidez, parto e puerpério

- **Gravidez:** o diagnóstico pode ser estabelecido de diferentes maneiras. São sinais de gravidez:
  - **Sinais de presunção:** amenorreia, aumento do volume e de pigmentação das mamas, náuseas, vômitos, constipação, edema nos membros inferiores, pigmentação acentuada no rosto – máscara gravídica.
  - **Sinais de probabilidade:** são identificados no exame ginecológico pela alteração da forma, consistência e topografia do útero; isoladamente não confirmam gravidez.
  - **Sinais de certeza:** batimentos cardiofetais audíveis a partir da 8ª semana com monitores eletrônicos, movimentos fetais ativos e passivos a partir da 18ª semana, esqueleto fetal visto em radiografia entre a 12ª e a 14ª semanas, ultrassonografia a partir da 4ª semana.
- **Puerpério:** do fim do parto até a volta do organismo materno ao estado anterior à gravidez é o período de puerpério. É de interesse médico-legal determinar os sinais que possam vir a definir a ocorrência de parto recente ou antigo, em mulher viva ou em cadáver.
- **Sinais de parto recente:**
  - **Externos:** edema de vulva e grandes lábios, rupturas himenais no primeiro parto, rupturas do períneo, sinais de episiotomia (incisão que amplia o canal de parto), presença de lóquios (fragmentos da placenta, de células epiteliais, hemácias etc.), mamas eliminando colostro, útero palpável.
  - **Internos:** edema, rupturas e equimoses na mucosa vaginal, colo uterino globoso com coágulos ou lóquios.
- **Sinais de parto antigo:**
  - **Externos:** pigmentação dos mamilos e da linha alba (linha escura que vai do umbigo ao véu pubiano), cicatrizes no períneo, sinais de episiotomia, hímen reduzido a uma carúncula, alterações do colo uterino.

8.3 Himenologia

8.3.1 Classificações do hímen

O hímen é uma membrana mucosa que separa a vulva da vagina e que se rompe geralmente no primeiro contato sexual. Apresenta borda livre em volta do óstio (abertura genital), orifício de morfologia variada por onde escoa o fluxo menstrual.

- **Hímen anular:** é o tipo mais comum entre as mulheres e, como o próprio nome sugere, tem o formato de um anel.
- **Hímen septado ou biperfurado:** conta com uma camada extra de pele no meio do furo central, que divide a abertura visível e cria a impressão de que são dois orifícios.
- **Hímen complacente e hímen não complacente:** o hímen complacente possui o mesmo formato do anular, porém a membrana é mais resistente e mais elástica, além do óstio nesse tipo de hímen também ser maior, suportando uma penetração sem que se rompa. Já no não complacente o óstio é pequeno e a orla é ampla ou alta.
- **Hímen cribiforme:** tem vários buraquinhos, vários pequenos óstios, o que dificulta bastante sua ruptura, sendo necessário, por vezes, uma intervenção cirúrgica.
- **Hímen comissurado e hímen acomissurado:** comissurado significa ângulo. A borda livre é que a que está para o óstio e a borda fixa é a que está colada no corpo da mulher. Se a borda livre tem ângulo, o hímen é classificado como comissurado, e se a borda livre não tem ângulo, é um hímen acomissurado.

8.3.2 Carúnculas mirtiformes

São ocasionadas pela dilaceração do hímen.

8.3.3 Rotura do hímen

É uma lesão, logo, ela foi adquirida. Quando o pênis passou por ali ocasionou uma rotura. Portanto, ela ficará equimosada, cicatrizada. Ademais, a rotura vai da borda livre à borda fixa, então a literatura menciona que ela é completa. Além disso, ela é coapta (se o médico quiser fechar essa lesão, ele pode costurá-la).

Por fim, ela é não simétrica (não é porque ela tem uma lesão do lado X que ela terá no lado Y). O relógio de Lacassagne dividiu o hímen como se fosse um ponteiro de um relógio e seria possível encontrar a localização daquela rutura (isso nada tem a ver com o horário em que aconteceu o fato, sendo apenas uma indicação anatômica do local do hímen em que ocorreu aquela lesão).

8.3.4 Entalhe

Não é uma lesão, logo, ele não é adquirido. Ele não fica equimosado e não será cicatrizado. Além disso, é incompleto, em razão de não ir da borda livre até a borda fixa. Por fim, não coapta e é simétrico (se tem um entalhe às 3 horas, terá outro às 9 horas, de acordo com o relógio de Lacassagne).

8.4 Provas de vida extrauterina

Como prova de vida extrauterina, deve constar no laudo de corpo de delito o procedimento técnico-científico concernente à docimasia pulmonar utilizada para determinar se houve vida ou não.

8.4.1 Pulmonares

- **Docimásia pulmonar hidrostática de Galeno:** na necropsia, um pequeno pedaço do pulmão do neonato é cortado em pedaços e colocado no interior de um frasco de vidro largo contendo aproximadamente 10 litros de água. Se os pedaços afundarem: não houve respiração; se flutuarem: houve respiração (prova de vida extrauterina).

8.4.2 Extrapulmonares

- **Docimasia microscópica de Balthazard Lebrunn:** consiste no corte do tecido pulmonar para verificar como estão os alvéolos (sacos pneumáticos que ficam na ramificação dos bronquíolos e que recebem o ar e se abrem). Um pulmão de um feto nascente com vida e que respirou mostrará que os alvéolos estarão abertos, pois receberam o ar. Contudo, se o feto não nasceu com vida, os alvéolos estão fechados/colabados. Estando fechados, sabe-se que ele não respirou e essa docimasia deu negativa, pois trata-se de um natimorto e somente terá certidão de óbito (não terá certidão de nascimento).
- **Docimasia óptica ou visual de Bouchut:** o pulmão que não respirou não crepita; logo, o aspecto visual é mais duro e as suas bordas são mais afinadas. Contudo, o aspecto anatômico de um pulmão positivo demonstra os pulmões insuflados, com desenho alveolar evidente e bordas arredondas.
- **Docimásia diafragmática de Ploquet:** ao abrir a cavidade toracoabdominal, quando houve respiração observa-se o músculo diafragma horizontal. Quando não ocorreu respiração apresenta convexidade exagerada das hemicúpulas devido à pressão exercida pelas vísceras abdominais.
- **Docimásia siálica de Souza Dinitz:** a partir da reação da aplicação de sulfocianetos busca-se a comprovação da presença de saliva no estômago do infante. Caso haja saliva no corpo fetal indicará deglutição, confirmando que houve respiração.
- **Docimásia gastrointestinal de Breslau:** as extremidades do aparelho digestório são bloqueadas e colocadas em vasilha médica com água; se boiarem, houve respiração.

8.5 Sinais periciais de conjunção carnal

A materialidade da conjunção carnal é configurada por:

- **Rotura do hímen:** que pode se dar na borda livre do óstio ou em qualquer parte da membrana, com pequena e passageira perda de sangue. Quando a ruptura é completa, ocorre da borda livre até a borda de inserção junto da parede vaginal.

Durante o exame pericial, o hímen pode estar íntegro, com rotura completa, com rotura incompleta, com agenesia (ausência congênita), complacente ou reduzido a carúnculas mitriformes (em mulheres que pariram). Himens rotos podem ser, quanto à cicatrização, recentes (até 20 dias), antiga ou cicatrizada (mais de 20 dias).

- **Espermatozoides na vagina:** o encontro deles nessa região pressupõe que houve conjunção carnal, mesmo que seja uma célula apenas até 24 horas após a relação sexual. Tempo superior a 48 horas entre a perícia e a violência, uso de preservativo pelo homem e cuidados higiênicos da mulher costumam dificultar a descoberta.
- **Gravidez:** mesmo que a relação sexual não tenha ocorrido no sentido estrito e independentemente do estado do hímen, a confirmação de gravidez implica que houve defloramento. O prazo máximo legal da gravidez é de 300 dias.

8.6 Perícia nos crimes sexuais

8.6.1 Estupro

Segundo o Código Penal (CP), são atos sexuais a conjunção carnal e o ato libidinoso. A conjunção carnal com violência ou grave ameaça pode ocorrer com a penetração completa ou parcial do pênis em ereção na vagina, com ou sem ruptura do hímen, com ou sem orgasmo.

> *Estupro*
>
> **Art. 213** *Constranger alguém, mediante violência ou grave ameaça, a ter conjunção carnal ou a praticar ou permitir que com ele se pratique outro ato libidinoso:*
>
> *Pena - reclusão, de 6 (seis) a 10 (dez) anos.*
>
> *§ 1º Se da conduta resulta lesão corporal de natureza grave ou se a vítima é menor de 18 (dezoito) ou maior de 14 (catorze) anos:*
>
> *Pena - reclusão, de 8 (oito) a 12 (doze) anos.*
>
> *§ 2º Se da conduta resulta morte:*
>
> *Pena - reclusão, de 12 (doze) a 30 (trinta) anos.*

8.6.2 Estupro de vulnerável

Trata-se da conjunção carnal, bem como dos atos libidinosos, acometidos com menores de 14 anos independentemente de seu consentimento. De acordo com o Código Penal:

> *Estupro de vulnerável*
>
> **Art. 217-A** *Ter conjunção carnal ou praticar outro ato libidinoso com menor de 14 (catorze) anos:*
>
> *Pena - reclusão, de 8 (oito) a 15 (quinze) anos.*
>
> *§ 1º Incorre na mesma pena quem pratica as ações descritas no caput com alguém que, por enfermidade ou deficiência mental, não tem o necessário discernimento para a prática do ato, ou que, por qualquer outra causa, não pode oferecer resistência.*
>
> *§ 3º Se da conduta resulta lesão corporal de natureza grave:*
>
> *Pena - reclusão, de 10 (dez) a 20 (vinte) anos.*

§ 4º Se da conduta resulta morte:

Pena – reclusão, de 12 (doze) a 30 (trinta) anos.

§ 5º As penas previstas no caput e nos §§ 1º, 3º e 4º deste artigo aplicam-se independentemente do consentimento da vítima ou do fato de ela ter mantido relações sexuais anteriormente ao crime.

8.6.3 Aborto

Juridicamente é a interrupção da gravidez em qualquer momento da gestação, com a morte do feto ou nascituro por algum método natural ou artificial.

Em obstetrícia, é a interrupção da gravidez antes de o feto ser viável, até vinte semanas de gestação, pesando 500 g e com altura calcâneo-occipital máxima de 16,5 cm.

O aborto é proibido e tipificado como fato delituoso de acordo com o Código Penal, nos seguintes dispositivos: art. 124 – aborto provocado pela gestante ou com seu consentimento; art. 125 – aborto provocado por terceiro, sem o consentimento da gestante; art. 126 – provocar aborto com o consentimento da gestante; art. 127 – qualificadoras.

No art. 128 do CP o ordenamento jurídico admite o aborto oriundo de estupro (aborto piedoso) e quando se coloca em risco a vida da gestante (aborto necessário), aborto previsto na ADPF 54. O STF permitiu o aborto do feto anencefálico.

Aborto provocado pela gestante ou com seu consentimento

Art. 124 Provocar aborto em si mesma ou consentir que outrem lho provoque:

Pena – detenção, de um a três anos.

Aborto provocado por terceiro

Art. 125 Provocar aborto, sem o consentimento da gestante:

Pena – reclusão, de três a dez anos.

Art. 126 Provocar aborto com o consentimento da gestante:

Pena – reclusão, de um a quatro anos.

Parágrafo único. Aplica-se a pena do artigo anterior, se a gestante não é maior de quatorze anos, ou é alienada ou débil mental, ou se o consentimento é obtido mediante fraude, grave ameaça ou violência

Forma qualificada

Art. 127 As penas cominadas nos dois artigos anteriores são aumentadas de um terço, se, em consequência do aborto ou dos meios empregados para provocá-lo, a gestante sofre lesão corporal de natureza grave; e são duplicadas, se, por qualquer dessas causas,

lhe sobrevém a morte.

Art. 128 Não se pune o aborto praticado por médico:

Aborto necessário

I – se não há outro meio de salvar a vida da gestante;

Aborto no caso de gravidez resultante de estupro

II – se a gravidez resulta de estupro e o aborto é precedido de consentimento da gestante ou, quando incapaz, de seu representante legal.

8.6.3.1 Tipos

- **Aborto voluntário:** caracterizado unicamente pela manifestação de vontade da gestante em realizar a interrupção da gestação.

- **Aborto ético, piedoso, moral, sentimental ou humanitário:** realizado em caso de gravidez resultante de violência sexual, precedido de consentimento da gestante ou, quando incapaz, de seu representante legal.

- **Aborto eugênico:** ocorre nos casos de inviabilidade fetal, cujo maior exemplo é a anencefalia.

- **Aborto terapêutico:** realizado quando é a única maneira de salvar a vida da gestante – não basta que a mulher esteja acometida de doença grave; é necessário que ele realmente seja o único meio de preservação da vida da gestante. Exige um registro adequado do prontuário médico demonstrando a necessidade e a adequação da intervenção cirúrgica.

- **Aborto seletivo ou interrupção seletiva da gestação – hipóteses de anomalias congênitas:** prática da interrupção voluntária da gravidez motivada por fatores considerados indesejáveis pela gestante, tais como doenças hereditárias, má-formação fetal ou motivada pelo sexo do feto em gestação.

- **Aborto econômico ou social:** interrupção da gravidez visando a evitar dificuldades sociais e econômicas decorrentes das exigências para a criação do fruto da concepção.

8.6.3.2 Diagnóstico de aborto em mulher viva e em mulher morta

- **Em mulher viva:** há exames e uma série de provas periciais para confirmar se uma mulher deu à luz ou passou por uma gestação. São alguns exemplos:
  - **Sinais mamários:** congestão e aumento de volume das mamas.
  - **Sinais genitais:** tonalidade arroxeada, em razão do aumento da vascularização.
  - **Alterações cutâneas:** hiperpigmentação na aréola mamária.
  - **Lóquios:** sangramento que ocorre quando a placenta é desacoplada do colo do útero.
  - **Dosagem de HCG:** hormônio produzido pelo embrião.
  - **Ultrassonografia:** exame de imagem para detectar possíveis alterações morfológicas. Neste contexto, a análise do colo do útero também pode trazer informações importantes sobre gravidez regressa.

- **Em mulher morta:** todos os exames realizados para a confirmação em mulher viva poderão ser feitos na mulher morta, além do exame microscópico, mais detalhado, de seus órgãos. Quando ocorre morte materna como complicação do aborto, a perícia deve ser complementada pela necropsia. Os peritos passam a ter acesso à genitália externa e demais vísceras.

8.6.4 Infanticídio

Corresponde à morte do recém-nascido praticada pela mãe, durante ou logo após o parto e nas condições do estado puerperal. Nesse caso, os aspectos que devem ser observados pelo médico legista são:

- Se nascente ou recém-nascido no momento da morte.
- Se houve vida extrauterina.
- Quem causou a morte da criança.
- Se a mãe estava influenciada pelo estado puerperal.
- O meio empregado para o crime.

É importante lembrar que muitas mães passam por períodos de melancolia, tristeza, depressão e alterações de humor, aparentando tênue insanidade, não aceitando a criança que está nascendo ou tenha nascido naquele instante.

O crime e a pena estão previstos no Código Penal:

Infanticídio

Art. 123 Matar, sob a influência do estado puerperal, o próprio filho, durante o parto ou logo após:

Pena - detenção, de dois a seis anos.

8.6.5 Violação sexual mediante fraude

Está previsto no Código Penal:

Violação sexual mediante fraude

Art. 215 Ter conjunção carnal ou praticar outro ato libidinoso com alguém, mediante fraude ou outro meio que impeça ou dificulte a livre manifestação de vontade da vítima:

Pena - reclusão, de 2 (dois) a 6 (seis) anos.

Parágrafo único. Se o crime é cometido com o fim de obter vantagem econômica, aplica-se também multa.

8.6.6 Importunação sexual

Está previsto no Código Penal:

Importunação sexual

Art. 215-A Praticar contra alguém e sem a sua anuência ato libidinoso com o objetivo de satisfazer a própria lascívia ou a de terceiro:

Pena - reclusão, de 1 (um) a 5 (cinco) anos, se o ato não constitui crime mais grave.

8.7 Exames complementares

No estupro de mulher com vida sexual pregressa, a perícia deve buscar provas de ejaculação/presença de sêmen: espermatozoides no líquido seminal, fosfatase ácida (enzima presente em grande quantidade no líquido seminal) e proteína P30 – PSA (glucoproteína produzida pela próstata e cuja presença no sêmen independe de haver ou não espermatozoides).

Pode ocorrer estupro sem que tenha havido ejaculação ou o sêmen encontrado na vítima pode ser oriundo de penetração consensual anterior.

Para confirmar a violência sexual, deve-se observar na vítima a presença de:

- **Lesões genitais:** contusões e lacerações podem ser produzidas pela violência da penetração ou pela desproporção entre o tamanho do pênis e a vagina (crianças).
- **Pelos pubianos:** encontrados na região pubiana, vulvar, sobre a cama, o corpo ou a roupa íntima da vítima. Se for comprovada a sua origem como sendo de outra pessoa, indica relação sexual.
- **Manchas de sêmen:** nas roupas (íntimas ou não) e na cama, constituem prova importante de crimes de natureza sexual.

8.8 Impotência

É a incapacidade da prática do ato sexual, da conjunção carnal.

- **Impotências masculinas:** instrumental, causada por defeitos na conformação do pênis; funcional, que impede a ereção; generandi, que impede a procriação por ausência de espermatozoide (azoospermia), por anomalias na ejaculação (aspermatismo – não tem ejaculação; dispermatismo – a ejaculação não alcança os órgãos reprodutores femininos) ou por oligospermia (falta de vitalidade nos espermatozoides).
- **Impotências femininas:** a impotência instrumental é caracterizada por problemas na vulva, na vagina ou em outros locais que dificultem a cópula; a impotência funcional é a resistência à cópula por motivos psicológicos; a impotência concipiendi é a incapacidade de conceber e praticar o ato de procriar.

8.9 Investigação de paternidade

Hoje o DNA é praticamente decisivo em todos os casos de investigação. Trata-se de um método de inclusão com 98% de certeza em sua técnica.

Antes do DNA eram utilizadas provas de exclusão – era possível afirmar, por meio de incompatibilidade absoluta (por tipo sanguíneo ou fator Rh, por exemplo) quem não era o pai da criança.

8.10 Parafilias

Os transtornos de sexualidade são disfunções qualitativas ou quantitativas do desejo e do instinto sexual. Englobam as parafilias ou disfunções de gênero, cujos sintomas são perturbação psíquica, alterações glandulares ou preferência sexual.

8.10.1 Espécies

Algumas das espécies são:

- **Anafrodisia:** diminuição do instinto sexual no homem, geralmente por doença nervosa ou glandular.

- **Frigidez:** caracteriza-se pela diminuição do apetite sexual da mulher, por conta de traumas, baixa autoestima ou rejeição.
- **Anorgasmia:** rara, caracteriza-se pelo fato de o homem não alcançar o orgasmo.
- **Erotismo:** frequência abusiva de atos sexuais (chamada de satirismo nos homens e ninfomania nas mulheres).
- **Necrofilia:** manifesta-se pela obsessão e pelo impulso de praticar atos sexuais com cadáveres.
- **Onanismo:** mesmo que masturbação, comum na puberdade.
- **Erotomania:** forma mórbida de erotismo no qual o indivíduo é dominado pela ideia fixa de uma paixão.
- **Frotteurismo:** quando o indivíduo se aproveita de aglomerações em transportes públicos ou em outros locais para esfregar ou encostar seus órgãos genitais em mulheres.
- **Voyeurismo:** caracteriza-se pelo prazer erótico despertado em certos indivíduos em presenciar o coito de terceiros.
- **Fetichismo e retifismo:** amor por uma determinada parte do corpo ou por objetos pertencentes à pessoa amada.
- **Dolismo:** atração que o indivíduo tem por bonecas e manequins, olhando ou exibindo-as, chegando a ter relações com elas.
- **Pigmalionismo:** amor desvairado pelas estátuas. Semelhante ao dolismo.
- **Pedofilia:** perversão sexual que se manifesta pela predileção erótica por crianças, indo desde os atos obscenos até a prática de atos libidinosos, denotando comprometimento psíquico.
- **Gerontofilia:** também chamada de cronoinversão, ocorre quando indivíduos jovens se sentem atraídos por pessoas bem mais velhas.
- **Urolagnia:** consiste na excitação de ver alguém urinar, ou em ouvir o ruído da urina ou, ainda, urinando sobre o(a) parceiro(a).
- **Riparofilia:** manifesta-se pela atração de certos indivíduos por pessoas sujas, de baixa condição social e higiênica (mais frequente em homens).
- **Edipismo:** tendência a manter relações sexuais com pessoas da família (incesto).
- **Bestialismo:** quando a satisfação sexual é obtida com animais domésticos.
- **Sadismo:** obtenção de prazer com a dor e o sofrimento da pessoa amada, podendo chegar à morte. Também chamado de algolagnia ativa.
- **Masoquismo:** busca de prazer sexual pelo sofrimento físico ou moral. Também chamado de algolagnia passiva.
- **Ginemimetofilia:** atração por homens que imitam mulheres ou por mulheres trans, pós-operatórios ou pós-operativo.

8.11 Aspectos médico-legais do casamento – lesões que podem impedir a conjunção carnal

O casamento visa atender o instinto sexual de acordo com a moral, satisfazendo a natureza social do indivíduo dentro de normas legais, estabelecendo em um contrato bilateral o comprometimento de criar e educar a prole que nascer.

Existem certos impedimentos matrimoniais estabelecidos pela lei e que tornam o casamento nulo, anulável ou passível de sanções civis se não forem cumpridos.

- **Impedimentos absolutos:** os que tornam o casamento nulo, movidos por ação de ordem pública são parentesco (ascendentes, descendentes, colaterais até 3º grau e afins por adoção; vínculo (pessoas já casadas); adultério (adúltero comum corréu); crime (pessoa condenada por tentativa ou consumação de homicídio sobre o cônjuge do outro).

- **Impedimentos relativos:** tornam o casamento anulável mediante ação privada. São aplicados nos casos de incapacidade de consentimento (doente mental, surdo que não expressa sua vontade etc.); menores de 14 anos; menor idade nupcial (16 anos para mulheres e 18 anos para homens); erro de identidade física ou civil do outro cônjuge; honra e fama; defeito físico irremediável (deformidades genitais, deformidades extragenitais repugnantes, impotência anterior desconhecida); moléstia grave e transmissível (doença infectocontagiosa, de caráter crônico e grave, perturbação mental, doenças genéticas). As doenças mentais são as doenças graves mais alegadas nos processos de anulação, devendo ser anteriores ao casamento e desconhecidas por um dos cônjuges. Das anormalidades irremediáveis, a mais alegada em processos de anulação é a impotência no homem.

9 TOXICOLOGIA FORENSE

9.1 Introdução à Toxicologia Forense

É a ciência que identifica e quantifica os efeitos prejudiciais associados ao uso de tóxicos. Analisa também os danos e as alterações que as substâncias tóxicas podem provocar, servindo a processos de investigação criminal e sendo apoiada, geralmente, pela toxicologia analítica.

9.2 Venenos ou tóxicos

O veneno é uma substância mineral ou orgânica de origem animal, vegetal ou sintética que, mesmo em pequenas doses, é capaz de provocar graves alterações no organismo e até causar a morte.

O tóxico é o produto químico de origem natural ou sintética que, interagindo com o organismo, pode causar danos à saúde e até mesmo a morte. A ação tóxica depende da dose e do organismo que o recebe.

Portanto, o veneno é uma espécie de tóxico. Todo veneno é um tóxico, mas nem todo tóxico é um veneno. As drogas também são tóxicos, tendo seus crimes elencados no art. 33 da Lei nº 11.343/2006.

9.2.1 Conceito de cáustico e veneno

- **Cáusticos:** quando agem sobre os tecidos provocando desorganização e destruição, processo conhecido como vitriolagem. Podem ter ação como:
  - **Coagulantes:** desidratando os tecidos e formando escaras endurecidas, como fazem o nitrato de prata, o cloreto de zinco e o sulfato de cobre.
  - **Liquefacientes:** produzindo escaras úmidas e moles como fazem a soda, a potassa e a amônia.
- **Venenos:** são substâncias que atuam sobre a química do organismo, lesando a integridade corporal e a saúde, podendo provocar a morte. Geralmente penetram por boca, mucosas (gástrica, retal, nasal), pele, região intramuscular, intraperitoneal, intravenosa e intra-arterial. A eliminação desses compostos se faz por urina, fezes, pulmões, suor, saliva e bile. Os venenos podem ser classificados quanto ao estado físico (líquidos, sólidos e gasosos), à origem (animal, vegetal, mineral e sintéticos), às funções químicas (óxidos, ácidos, bases e sais) e ao uso (doméstico, agrícola, industrial, medicinal e cosmético).

9.3 Elementos químicos que podem causar danos ao organismo

- **Arsênio:** o mitridatismo é a intoxicação por meio de arsênico (encontrado na curtição do couro). O arsênico tem grande afinidade com o enxofre, encontrado na queratina (proteína que recobre a pele).
- **Chumbo:** o saturnismo é a intoxicação por chumbo (encontrado nas tintas a óleo e na fabricação de vidro e de cerâmica). É normal a presença de uma orla específica. Está ligado a doenças mentais (psicose tóxica). Pode causar linhas de Burton (na gengiva irá aparecer uma linha anegrada).
- **Mercúrio:** o hidragirismo é a intoxicação causada por mercúrio (encontrado, principalmente, em garimpos de ouro).
- **Cianeto:** age na enzima da citopromo-oxidase, impedindo a ação desta; na medida em impede a ação, a ligação química não ocorre. O oxigênio está dentro da mitocôndria e não se ligará ao hidrogênio; com isso, a célula acidifica e morre. Trata-se, portanto, de uma asfixia química.

9.4 Classificação das drogas psicotrópicas de acordo com seus efeitos

9.4.1 Depressoras/psicolépticas

As drogas psicolépticas dificultam o processo de chegada de mensagens ao cérebro.

9.4.1.1 Álcool

É a droga legal mais difundida, agindo como depressora do sistema nervoso central (SNC) e levando os indivíduos a intoxicação, quadros clínicos e psiquiátricos graves, além da desagregação social que acarreta. Fatores biológicos, sociais e psicológicos combinados desencadeiam essa doença.

- **Modalidades de embriaguez:** do ponto de vista jurídico, a embriaguez pode ser preordenada, culposa, patológica ou fortuita.
    - **Preordenada:** quando o indivíduo se embriaga deliberadamente para cometer um delito; é considerada fator agravante.
    - **Culposa:** quando a pessoa se embriaga, culposamente, mesmo não querendo; é irrelevante do ponto de vista penal, pois responde como se estivesse sóbria.
    - **Patológica:** quando o uso do álcool ou de substância que provoque efeitos análogos gera doença mental; é considerado inimputável.
    - **Fortuita total ou parcial:** quando a pessoa é levada à embriaguez involuntariamente, constituindo-se excludente de imputabilidade.

- **Fases da embriaguez:** são 3 as fases – eufórica, agitada e comatosa.
  » **1ª fase – eufórica (ou embriaguez incompleta):** o indivíduo apresenta loquacidade, entusiasmo, fala imoderada, contentamento, satisfação; além disso, sente-se bem em participar de corridas ou rachas, por exemplo.
  » **2ª fase – agitada (ou embriaguez completa – aguda):** com maior concentração de álcool no organismo, surgem distúrbios psicossensoriais acentuados, periculosidade, alteração das funções cognitivas, rebeldia, violência, agressividade e predisposição à prática de ilícitos penais.
  » **3ª fase – comatosa (ou estado comatoso – superagudo):** manifesta-se com sonolência, roncos, falta de higiene, boca espumante, náuseas, vômitos, vontade de urinar e defecar (relaxamento dos esfíncteres). Pode ser mortal, pois em estado de coma ocorre anestesia acentuada, inexistência de reflexos, hipotermia e broncopneumonia com o frio.
- **Síndrome de abstinência alcoólica:** quadro agudo de sintomas, provocado pela interrupção da ingestão de bebidas alcoólicas. Os sintomas são agitação, alucinações visuais e auditivas, vômitos, catatonia, tremores, anorexia, taquicardia, sudorese, contrações musculares, convulsões etc.
- **Álcool e condução de veículo automotor:** o médico legista, ao examinar um indivíduo presumidamente alcoolizado (conduzindo veículo e colocando em risco a vida das pessoas, brigando em local público, criando tumultos), deve realizar:
  » **Exame clínico:** nele devem-se avaliar simultaneamente corpo e mente para constatar a embriaguez, verificando coordenação motora (capacidade de realizar alguns movimentos ou gestos), lábios e face rosada ou vermelha, sincronismo labial, sinal de Romberg (equilíbrio e tendência à queda), prepotência, loquacidade, excitação e marcha consistente.
  » **Exames laboratoriais:** no plasma sanguíneo em indivíduos vivos e em cadáveres; além deste, há o exame de sangue venoso e visceral.

9.4.1.2 Barbitúricos

Dependência do consumo de medicamentos usados para certas doenças como epilepsia e insônia. O uso prolongado pode causar dependência (por exemplo Gardenal e Luminal – anticonvulsivos; Verona – sedativo). Combinados com álcool, os efeitos são potencializados: falta de coordenação motora, dificuldade de movimentos, sono pesado, pressão baixa e respiração muito lenta, podendo levar à morte por parada respiratória.

Os barbitúricos levam à dependência física e psicológica. A síndrome de abstinência é marcada por insônia, ansiedade, tremores, irritação, convulsões e delírio, daí requerer tratamento médico e hospitalar.

9.4.1.3 Ansiolíticos

São substâncias depressoras que controlam a ansiedade e alguns efeitos somáticos que ela causa. Costumam perder a eficácia depois de um ou dois meses de uso diário. Chamadas de tranquilizantes, elas têm ação tranquilizante, relaxamento e anticonvulsivante. Seus efeitos são indução do sono, diminuição da ansiedade, relaxamento muscular e diminuição das convulsões. Podem causar sedação acentuada, vertigem e sonolência, dificultando processos de aprendizagem e memorização. Por prejudicar funções motoras, não podem ser usadas por condutores de veículos ou operadores de máquinas.

9.4.1.4 Hipnóticos

Com alto potencial de dependência física e psicológica, são drogas associadas às tentativas de suicídio. Alteram o padrão de sono e podem ser usadas para diferentes tipos de insônia: dificuldade para conciliar o sono ou despertar precoce.

9.4.1.5 Benzodiazepínicos

São medicamentos hipnóticos e ansiolíticos bastante utilizados na prática clínica. São comumente prescritos no tratamento de quadros agudos de ansiedade, transtorno de humor, crises convulsivas, insônia e outras condições relacionadas ao sistema nervoso central.

9.4.1.6 Opiáceos

Chamadas também de narcóticos, são drogas derivadas da papoula, que provocam intensa dependência física e têm efeito analgésico, agindo sobre o controle da dor, o reflexo da tosse e diminuindo os movimentos peristálticos do intestino. Causam depressão do SNC e provocam sonolência, alteração da consciência, redução dos movimentos respiratórios e cardíacos, eriçamento dos pelos corporais, contração das pupilas e confusão entre realidade e fantasia.

A síndrome de abstinência é dolorosa e violenta, com o indivíduo ficando apático e hipotenso, apresentando náuseas e vômito, pele fica fria e azulada, calafrios, cãibras, corrimento nasal, lacrimejamento, inquietação, irritabilidade e insônia, que podem durar até 12 dias.

Os narcóticos podem ser:

- **Naturais:** morfina, que é o mais potente; codeína, que deprime funções cerebrais.
- **Semissintéticos:** heroína (obtida da morfina); metadona, que é usada no tratamento de dependentes de morfina e heroína.
- **Sintéticos:** analgésicos e antidiarreicos.

9.4.1.7 Inalantes

Colas, solventes e aerossóis têm efeitos psicoativos e são inalados para produzirem um estado psicológico anormal e agradável ao usuário. O uso provoca euforia quase instantânea e riso compulsivo, que duram de 15 a 45 minutos; o usuário repete a inalação para esses efeitos.

Tolueno e benzeno são componentes das colas e dos solventes; fluorcarbonos ocorrem nos aerossóis; soluções de limpeza, líquidos de refrigeração, corretivos tipográficos, removedores de manchas, clorofórmio, éter, acetona e outros são usados nesse vício. O "cheirinho da loló", comum no Brasil, é um preparado de clorofórmio e éter usado apenas para o abuso.

Essas substâncias provocam distúrbios de conduta, hiperatividade motora, tonturas, tosse, muita salivação, perturbações auditivas e visuais, sensação de instabilidade, lacrimejamento, corrimento nasal e irritação das vias respiratórias. O uso contínuo de cola provoca vermelhidão e escoriações ao redor da boca, confusão mental, visão embaçada, perda do autocontrole, cólicas abdominais, dor de cabeça, marcha hesitante, fala pastosa, descoordenação motora e ocular, convulsões e sonhos bizarros.

9.4.2 Estimulantes/excitantes/psicoanalépticas

As drogas psicoanalépticas aumentam a atividade cerebral e a percepção sensorial e diminuem a fadiga. São estimulantes da atividade mental que provocam estado de alerta exagerado, diminuição do apetite e insônia. Causam inquietação, ataque de pânico, alto nível de irritabilidade, desconfiança, paranoia, confusão mental, depressão, letargia e anormalidades nasais.

9.4.2.1 Anfetaminas

Produzidas em laboratório, são conhecidas como "bolinhas". São muito usadas por motoristas de caminhão e estudantes para se manterem acordados (rebite), e como moderadores de apetite. A dependência psicológica é muito acentuada.

As anfetaminas provocam sensação rápida de bem-estar, desconfiança, inquietação, boca seca, sudorese, anorexia e alucinações. Esse quadro pode ser confundido com esquizofrenia aguda. O consumidor emagrece muito, apresenta pouca afetividade e pode ter impotência sexual.

9.4.2.2 Cocaína

Extraída da *Erythroxylon Coca*, seu pó é aspirado por usuários e dependentes. Chega ao consumidor na forma de um sal, o cloridrato de cocaína. O pó é solúvel em água e pode ser aspirado ou dissolvido para uso endovenoso. Causa dependência psicológica e o usuário tem desejo de repetir a droga com frequência (fissura) para ter os efeitos "agradáveis" e não para diminuir as sensações desagradáveis da abstinência.

Como estimuladora do SNC, a cocaína provoca sensação de prazer (baque) associada à euforia e à ideia de poder, redução da fadiga, insônia, aumento das sensações sexuais, inapetência, excitação, hiperatividade com taquicardia, ritmo respiratório mais acelerado, tremor nas mãos e agitação psicomotora. A overdose pode causar morte por taquicardia, fibrilação ventricular, parada cardíaca, hipertensão e convulsões.

O aparecimento de delírio, mania de perseguição e alucinações táteis (sensação de animais caminhando sobre a pele) caracteriza a psicose cocaínica. Caso a droga seja suspensa, esses sintomas desaparecem em alguns dias e o usuário passa várias semanas com sonolência e depressão.

9.4.2.3 Crack

É obtido da pasta básica da cocaína (não refinada), misturada geralmente com o bicarbonato de sódio, sendo mais potente e prejudicial que a cocaína inalada ou injetada. É vendido na forma de pequenas pedras porosas, brancas ou amarelas sujas. Como é pouco solúvel em água, volatiza e pode ser fumado em cachimbos de fabricação caseira.

Cada pedra produz efeito durante duas horas, mas a ação inicia em oito segundos com frenética euforia e excitação intensa. Quando termina a pedra, o corpo amolece, o usuário fica exausto e dorme profundamente.

O uso do crack diminui o apetite, provoca agitação psicomotora, aumenta a pressão arterial e a transpiração. Pode provocar alucinações visuais ou táteis e a dependência ocorre em alguns dias. No usuário crônico, há cefaleias, tontura, desmaios; no caso de uma overdose, há morte por infarto agudo do miocárdio.

9.4.2.4 Nicotina

Provoca dependência física e alterações importantes em diversos órgãos do corpo, induzindo ao hábito já na juventude. Seus efeitos são sensação de prazer, melhora da memória, aumento da vigilância, melhor desempenho em atividades. Porém, para que isso aconteça, ela aumenta a liberação de hormônios psicoativos e de lipoproteínas que provocam hipertensão, isquemia do miocárdio, taquicardia, vasoconstrição e dependência física. Além do monóxido de carbono que reduz a capacidade de oxigenação do cérebro e dos músculos, outras substâncias como aldeídos, ácido cianídrico, radicais livres e hidrocarbonetos aromáticos policíclicos provocam alterações pulmonares, complicações circulatórias e predisposição para vários tipos de câncer.

9.4.2.5 Cafeína

Encontrada em plantas de chá e sementes de café, essa substância afeta os sistemas circulatório e respiratório, quando ingerida em excesso. A dependência física é discreta e pode ser encontrada em alguns refrigerantes e remédios para enxaqueca.

9.4.3 Perturbadoras/alucinógenas/psicodislépticas

As drogas psicodislépticas provocam a despersonalização do usuário. Podem ser naturais (maconha, cogumelos, cactos, caapi, chacrona, lírio, datura etc.), sintéticas (LSD, ecstasy) e anticolinérgicas (medicamentos para mal de Parkinson).

Esses tipos de drogas produzem alteração de consciência, podendo induzir delírios e alucinações. Causam sensações subjetivas de aumento da atividade mental e da audição, aceleram o nível de consciência e diminuem a capacidade de se diferenciar do ambiente. Os usuários de drogas perturbadoras costumam apresentar reações de pânico com alto grau de ansiedade e medo; veem imagens simples, linhas ou traços como se fossem luzes ou figuras geométricas vistas nos cantos dos olhos ou em rastros de luz seguindo objetos em movimento.

Os usuários podem manifestar tristeza, ansiedade ou paranoia durante alguns dias ou semanas após o uso.

Essas drogas não causam dependência física, mas psicológica; não provocam sintomas de abstinência.

9.4.3.1 Maconha

Fornecida pela *Cannabis sativa*, seu princípio ativo é o tetra-hidrocanabinol (THC) e seu uso frequente pode produzir alterações que dependem do estado emocional do usuário. É consumida em forma de cigarros.

Geralmente, o uso de maconha provoca aumento da percepção dos sentidos, altera a noção de tempo, perturba a memória de fixação e a capacidade de calcular espaço e distância. O usuário confunde realidade com fantasia, sente-se relaxado, tem acessos de euforia e de riso incontrolável, aumento da libido, da desconfiança e diminuição do senso crítico. Tremores nas extremidades do corpo, diminuição da força muscular, taquicardia, náuseas, garganta e boca secas e olhos vermelhos também são comuns.

Segundos depois de fumar, os efeitos iniciam e atingem o ápice 30 minutos depois, desaparecendo depois de duas a quatro horas. A perda de interesse e a desmotivação generalizada podem estar presentes nos usuários.

A fumaça quente da maconha provoca danos pulmonares mais graves que a fumaça do cigarro. Metabolizado no fígado e nos pulmões, o produto é acumulado nos tecidos gordurosos do cérebro e dos testículos, reduzindo o número de espermatozoides (azoospermia), aumentando a quantidade de espermatozoides anormais no sêmen e provocando esterilidade temporária.

9.4.3.2 LSD

Muito usado pelos hippies na década de 1960, o ácido lisérgico é vendido em pó, solução ou comprimido, na forma de cubos de açúcar ou em pedaços de papel absorvente. Não tem cor nem sabor e pode ser usado por via oral ou ser injetado na veia.

Quando a droga é ingerida, a temperatura corporal eleva e pode chegar a 38,8 °C, o batimento cardíaco acelera e pode provocar arritmia ou convulsões e até a morte. O aumento da temperatura corporal provoca sensação de boca seca (os usuários costumam beber muita água e chupar pirulitos), retenção urinária (problemas nos rins a longo prazo) e perda de apetite. Insônia e dilatação da pupila e capacidade de lembrar fatos passados ocorrem durante o consumo. Os efeitos psicológicos negativos, como cansaço, depressão e lapsos de memória, surgem quando o efeito da droga passa. O uso frequente provoca náuseas e vômito, tremores, surtos psicóticos e problemas cardíacos.

9.4.3.3 Mescalina

É um alucinógeno sintetizado a partir do peiote, um cacto natural do México. Tem propriedades antibióticas e analgésicas, provocando alterações de consciência e de percepção. Seus efeitos são semelhantes aos do LSD, mas menos intensos.

9.4.3.4 Ayahuasca

Também conhecido como santo-daime, utiliza a *caapi* e a chacrona (*ayahuasca*) juntas para fazer o chá, que é servido durantes rituais de algumas seitas. As alucinações produzidas são chamadas de mirações.

9.4.3.5 Ecstasy

Com estimulante e alucinógeno, o MDMA (metileno dioxometa anfetamina) é duplamente perigoso. A droga, combinada com música, estimula o contato entre as pessoas e, como em um transe, elas sentem vontade irresistível de se tocarem.

Entre 20 e 60 minutos após a ingestão do comprimido com o estômago vazio começam os sintomas: felicidade, loquacidade, sensação de segurança, leveza, sensualidade em alta, temperatura corporal chegando a até 42 °C, sede intensa, alteração no sistema urinário e sensação de eletricidade na pele. Os sintomas podem perdurar por até 8 horas.

9.4.3.6 Anticolinérgicos

Essas substâncias bloqueiam a ação de um neurotransmissor cerebral, a acetilcolina, produzindo efeitos em diversos sistemas corporais, quando usados em doses elevadas. Os sintomas variam, dependendo da personalidade do usuário, mas geralmente são alucinações e sensação de perseguição (delírios). Sensação de bem-estar, alívio transitório, visão borrada e sensibilidade à luz são também induzidos e podem persistir por até três dias. Podem ser produzidos efeitos somáticos como boca seca, palpitações, dilatação de pupilas e taquicardia (até 150 bpm).

10 PSIQUIATRIA FORENSE

10.1 Introdução à Psiquiatria Forense

É uma especialidade aplicada a indivíduos que violam a lei e supostamente são portadores de doenças mentais.

A psiquiatria forense tem caráter pericial e terapêutico, estudando as doenças mentais e reforçando a necessidade de comunicação entre os profissionais de Saúde Mental e os da Justiça. Nessa área, é importante que o perito médico transmita aos operadores do Direito a linguagem médica, facilitando o trabalho legal.

10.2 Imputabilidade, responsabilidade e inimputabilidade

10.2.1 Noções introdutórias

Imputação é o correto entendimento dos atos praticados que são eventualmente atribuídos ao ser humano dentro da faixa de normalidade mental.

Essa qualidade vem do discernimento, do poder de deliberação e do exercício da vontade que o indivíduo possui, em nível de saber.

10.2.2 Imputabilidade

- **Imputação Penal e Civil:** quando o autor entende, exercitando sua capacidade mental, o ato praticado. De acordo com sua capacidade de entendimento, o autor deliberadamente executa o ato, provocando o resultado observado. Para se admitir responsabilidade pela autoria de uma ação levada a termo, exige-se a capacidade de imputação do agente. Se o autor, deliberadamente, por uso de drogas, tiver diminuído ou perdido a razão ao praticar um ato criminoso, isso é considerado agravante na responsabilidade.

- **Imputação inexata:** quando a atribuição é levantada contra alguém, sem razão de ser.

- **Semi-imputabilidade:** quando quem praticou o ato entendia o que estava fazendo, possuía sanidade mental e desenvolvimento mental completo. Além disso, as circunstâncias demonstram que o autor agiu com inteligência e vontade para conduzir ao resultado procurado.

10.2.3 Incapacidade civil absoluta e relativa

- **Responsabilidade:** ocorre quando quem praticou o ato criminoso sabia que o estava praticando, porque tem sanidade mental e desenvolvimento completo. O julgamento confirma que o autor agiu com inteligência e tinha vontade de obter o resultado da ação criminosa.

- **Irresponsabilidade:** quando a ação criminosa tiver imputação inexata, sendo atribuída indevidamente, ou quando não existia capacidade de imputação.
- **Semirresponsabilidade:** também chamada de responsabilidade restrita, ocorro quando o agente não possui total capacidade de entendimento ou está impossibilitado de compreender o tipo de ação criminosa efetivada. São reconhecidas circunstâncias que agem como modificadores e que podem influir sobre a capacidade de imputação e sobre a capacidade civil. Os agentes modificadores podem ser:
    » **Biológicos:** normais (raça, idade, sexo); eventuais (sono, emoção intensa, agonia, surdo-mudez, cegueira, alcoolismo e toxicomanias); e patológicos (constituições psicopáticas, patologia mental).
    » **Mesológicos:** fatores cósmicos, fatores sociais.

10.3 Limitadores e modificadores da imputabilidade penal e da capacidade civil

Os limitadores e modificadores podem ser de diferentes ordens:
- **Ordem biológica:** idade, sexo, emoção, paixão e agonia.
- **Ordem psicopatológica:** sonambulismo, hipnotismo, surdo-mudez, afasia, prodigalidade e embriaguez.
- **Ordem psiquiátrica.**
- **Ordem mesológica:** civilização e psicologia coletiva.
- **Ordem legal:** causas, circunstâncias do crime e reincidência.

10.4 Síndromes clínicas

- **Epilepsia:** alteração temporária e reversível do funcionamento do cérebro, caracterizada por crises epilépticas repetidas.
- **Esquizofrenia:** transtorno mental caracterizado por psicose, alucinações e delírios.
- **Transtornos da personalidade ("psicopatias"):** são caracterizados por desvios de comportamento que prejudicam a forma como o paciente lida com seus impulsos e com as pessoas ao redor.
- **Transtorno bipolar do humor:** distúrbio associado a alterações de humor que vão da depressão a episódios de obsessão (fase maníaca).

10.5 Perturbação mental

10.5.1 Neuroses

São transtornos psíquicos que provocam reações incontroláveis a determinadas situações, embora ele esteja dentro da realidade. Faz parte de um grupo mórbido, em que os distúrbios psíquicos, emocionais e psicossomáticos surgem da tentativa do indivíduo de solucionar seus conflitos internos ou dominar uma situação existente. Suas causas podem ser hereditárias ou surgirem durante o desenvolvimento da personalidade ou mesmo das experiências da infância.

Os sintomas apresentados pelo doente variam de acordo com o tipo de neurose, mas são sempre excessivos e incontroláveis: angústia, obsessão (o TOC – Transtorno Obsessivo Compulsivo – é uma característica), histerismo (conflitos entre o psicológico e a realidade, causando problemas orgânicos) e fobias (medo de lugares, de animais, de altura etc.).

O acompanhamento psicoterapêutico com medicamentos antidepressivos e tranquilizantes faz parte do tratamento mais utilizado para esses casos.

10.5.2 Psicopatias

As personalidades psicopáticas apresentam padrão intelectual médio ou elevado e exteriorizam distúrbios de conduta de natureza ética ou antissocial. Não são influenciadas por tratamento médico ou medidas educacionais, sendo pouco modificáveis pelos métodos coercivos ou correcionais. Perversões da libido, masoquismo e sadismo são as formas mais comuns de psicopatias sexuais.

Os psicopatas não têm sentimentos afetuosos, são amorais, impulsivos, não se adaptam socialmente e são incorrigíveis. A conduta antissocial tem início na infância com mentiras, roubos, falsificação de cheques, prostituição, assaltos e maus-tratos a animais. Em todos os casos, fica evidente a ausência de culpa ou de arrependimento pelos atos praticados, teatralizando esses sentimentos quando querem atenuação da pena.

10.5.3 Sociopatias

Muito próximas às psicopatias, também se caracterizam por comportamentos antissociais e amorais, sem manifestação de sentimento em relação ao dano causado ao patrimônio ou às pessoas. Há dificuldade de relacionamento, falta de empatia e egocentrismo.

São desenvolvidas durante a vida da pessoa, tendo relação com as vulnerabilidades. A educação, a criação, a relação com pessoas e com o ambiente e o contato a sociedade seriam a fonte dos problemas. São vistas como uma forma mais branda em relação às psicopatias. São menos estáveis, o que provoca a irregularidade de comportamento, e deixam mais pistas quando associados a crime pela impulsividade.

10.6 Doença mental

10.6.1 Demência

Síndrome caracterizada pela deterioração progressiva das funções cognitivas, incluindo a memória, o raciocínio, a linguagem e as habilidades sociais, a ponto de interferir com as atividades de vida normais do paciente.

É causada por danos às células cerebrais, impedindo a comunicação entre elas. Quando os neurônios não conseguem se comunicar normalmente, o pensamento, o comportamento e os sentimentos podem ser afetados.

Costuma surgir sempre que há um processo degenerativo dos neurônios que impede a comunicação entre as células cerebrais e leva, a longo prazo, à atrofia e morte de tecidos do cérebro.

As principais causas de demência (responsáveis por mais de 90% dos casos diagnosticados) são mal de Alzheimer, demência vascular, demência com corpos de Lewy, demência frontotemporal (doença de Pick) e doença de Parkinson. Outras causas de demência são traumatismo craniano repetitivo, alcoolismo, doença de Huntington e doença de Creutzfeldt-Jakob.

10.6.2 Psicose

São grupos mórbidos que resultam de fatores interno e externos, surgindo em determinada idade do indivíduo e que desorganizam sua personalidade. Podem evoluir para a cura, para o estado crônico ou para a morte.

O psicótico perde o contato com a realidade e tem delírios e alucinações. As psicoses podem ser provocadas por álcool ou drogas (durante o uso ou a abstinência), cistos ou tumores cerebrais, demência (mal de Alzheimer), doenças degenerativas cerebrais (mal de Parkinson, mal de Huntington), alterações cromossômicas, HIV e outras infecções cerebrais, esteroides e estimulantes, derrame cerebral e alguns tipos de epilepsia.

Vários transtornos psiquiátricos também provocam psicoses: bipolaridade (manias ou depressão), delírios, depressão psicótica, distúrbios de personalidade, esquizofrenia e distúrbio esquizoafetivo.

A avaliação psiquiátrica e alguns exames são utilizados para diagnosticar essa doença. Exames de sangue para níveis de hormônios e eletrólitos, para detectar sífilis e outras doenças, para drogas e ressonância magnética cerebral também auxiliam no diagnóstico.

11 INFORTUNÍSTICA

Esta área cuida dos acidentes e das doenças ligadas ao trabalho, infortúnios do exercício profissional. Quando ocorre um acidente de trabalho, diversos ramos do Direito são acionados: trabalhista, previdenciário, civil e penal, dependendo da intensidade e amplitude do fato. O acidente pode ocorrer por descuido do empregador em não prover o aparato necessário para proteção, orientação e fiscalização do trabalho de caráter perigoso.

11.1 Culpa

11.1.1 Concorrente

Quando o empregador, preposto e o empregado têm cada um uma parcela de culpa, conforme o grau de participação no ocorrido. Comprovada a culpa do empregador e do empregado acidentado, a indenização não deve ser na totalidade, evidenciando a proporcionalidade.

11.1.2 Recíproca

Quando o empregado, podendo utilizar equipamento de segurança, deixa de fazê-lo. A empresa, apesar de fornecer o equipamento, não fiscalizou seu uso, agindo com omissão. O empregado optou por situação mais cômoda, porém ineficaz, e o empregador não fiscalizou.

- **Indenização trabalhista:** garante ao trabalhador a compensação de um malefício, a reparação financeira decorrente da ação trabalhista impetrada e decisória. A perda do direito de impetrar ação em virtude de decurso de prazo ocorre depois de cinco anos contando da data do acidente, se a incapacidade, confirmada por exame específico, for temporária; da mesma forma, no caso de morte, depois do exame necroscópico, nas incapacidades permanentes ou no agravamento do estado de saúde em razão do acidente.
- **Medicina do Trabalho:** aprecia a habilidade física ou mental do candidato a um trabalho específico. Seu objetivo é a retomada das atividades profissionais depois do tratamento da enfermidade ou do acidente de trabalho. A Medicina do Trabalho tem como finalidade reabilitar e readaptar o trabalhador.
- **Acidentes de trabalho:** são todos os acontecimentos casuais, inesperados, imprevistos, fortuitos e desagradáveis que provocam danos à pessoa durante sua atividade profissional, na empresa ou a serviço dela, interna ou externamente.
  - » **Lesão corporal:** são ferimentos ou traumatismos que provocam escoriações, contusões, fraturas, amputações etc.; podem ser classificados, de acordo com a sua intensidade, em leves, graves ou gravíssimos.
  - » **Perturbação funcional:** são os danos permanentes ou temporários que atingem a atividade psíquica, física e orgânica, provocando traumas como diminuição ou perda da audição, visão, memória, linguagem, paralisia, tremores, acampsia (falta de flexibilidade nas articulações), com ou sem dor.

» **Doença profissional:** é a enfermidade adquirida por força do trabalho realizado e que provoca dano físico, fisiológico ou psicológico. Ela está relacionada na lista das doenças profissionais (art. 20, I, da Lei nº 8.213/1991) causadas ou agravadas pelo exercício da atividade. É importante que o profissional tenha contrato de trabalho e comprovação da doença, independentemente do vínculo causal.

» **Doenças do trabalho:** quando seus sintomas estão relacionados a condições especiais do exercício da atividade específica. São imprescindíveis o nexo causal e a prova de incapacidade para a modalidade de trabalho intrínseco, como estresse e alergias respiratórias.

» **Não são doenças do trabalho:** não são consideradas doenças do trabalho as doenças degenerativas, as associadas à idade, as que não impeçam o desenvolvimento da profissão e as doenças endêmicas adquiridas pelo trabalhador que mora em local onde ela é típica, salvo comprovação de que a exposição ou o contato direto ocorreu pela natureza do trabalho.

11.2 Tipos de acidentes do trabalho

▸ **Acidentes típicos:** são os que ocorrem no interior da empresa durante a operação de máquinas, com veículos, carregamentos, no pátio, em vias públicas internas etc. Fora da empresa, em horário de trabalho ou preso a ele, esses são acidentes típicos do trabalho.

▸ **Acidentes extratípicos:** também chamados de acidentes de trajetos ou de percursos, ocorrem quando, sem a devida precaução, o trabalhador vai almoçar ou no seu retorno, portanto, na parte externa da empresa.

11.3 Bases legais

A execução das ações voltadas para a saúde do trabalhador é atribuição do SUS, prescrita na Constituição Federal de 1988 e regulamentada pela Lei Orgânica da Saúde (LOS). O artigo 6º dessa lei confere à direção nacional do Sistema a responsabilidade de coordenar a política de saúde do trabalhador.

Segundo o parágrafo 3º do artigo 6º da LOS, a saúde do trabalhador é definida como "um conjunto de atividades que se destina, por meio das ações de vigilância epidemiológica e vigilância sanitária, à promoção e proteção da saúde do trabalhador, assim como visa à recuperação e à reabilitação dos trabalhadores submetidos aos riscos e agravos advindos das condições de trabalho". Esse conjunto de atividades está detalhado nos incisos I a VIII do referido parágrafo, abrangendo:

▸ A assistência ao trabalhador vítima de acidente de trabalho ou portador de doença profissional e do trabalho.

▸ A participação em estudos, pesquisas, avaliação e controle dos riscos e agravos potenciais à saúde existentes no processo de trabalho.

- A participação na normatização, fiscalização e controle das condições de produção, extração, armazenamento, transporte, distribuição e manuseio de substâncias, de produtos, de máquinas e de equipamentos que apresentam riscos à saúde do trabalhador.
- A avaliação do impacto que as tecnologias provocam à saúde.
- A informação ao trabalhador, à sua respectiva entidade sindical e às empresas sobre os riscos de acidente de trabalho, doença profissional e do trabalho, bem como os resultados de fiscalizações, avaliações ambientais e exames de saúde, de admissão, periódicos e de demissão, respeitados os preceitos da ética profissional.
- A participação na normatização, fiscalização e controle dos serviços de saúde do trabalhador nas instituições e empresas públicas e privadas.
- A revisão periódica da listagem oficial de doenças originadas no processo de trabalho.
- A garantia ao sindicato dos trabalhadores de requerer ao órgão competente a interdição de máquina, do setor, do serviço ou de todo o ambiente de trabalho, quando houver exposição a risco iminente para a vida ou saúde do trabalhador.

Além da Constituição Federal e da LOS, outros instrumentos e regulamentos federais orientam o desenvolvimento das ações nesse campo, no âmbito do setor Saúde, dentre os quais se destacam a Portaria/MS nº 3.120/1998 e a Portaria/MS nº 3.908/1998, que tratam, respectivamente, da definição de procedimentos básicos para a vigilância em saúde do trabalhador e prestação de serviços nessa área. A operacionalização das atividades deve ocorrer nos planos nacional, estadual e municipal, aos quais são atribuídos diferentes responsabilidades e papéis.

11.4 Medicina Legal

Depois que ocorre um acidente de trabalho, o perito médico atua fazendo exames que analisam e avaliam a capacidade profissional – se o trabalhador continua ou não apto a trabalhar, se está ou não incapacitado para o trabalho que exerce na época ou para qualquer trabalho. Essa análise é feita em três variantes:

- **1ª Variante:**
  » Incapacidade total e permanente.
  » Perda da anatomia humana ou funcional de mais de um membro.
  » Alienação mental.
  » Cegueira total.

Incapacidade de exercer qualquer trabalho –inaptidão física ou mental para o exercício de atividades profissionais.

- **2ª Variante:**
  » Incapacidade parcial ou permanente.
  » Perda da anatomia ou da função de um membro.
  » Redução de acuidade visual.
  » Redução de movimentos ou imobilidade de articulações.

Não poderá trabalhar na atividade que exercia antes do acidente, mas poderá desenvolver atividades mais amenas, sendo considerado apto para trabalhar. A incapacidade permanente parcial ainda pode provocar danos patrimoniais futuros, graças à incapacitação para o trabalho, gerando desgastes físico e psicológico.

- 3ª Variante:
  » Incapacidade temporária.
  » Ferimentos e intervenções cirúrgicas.
  » Fraturas.

Acidentes de trabalho resultantes de lesões corporais e classificados com incapacidade temporária jamais poderão passar de um ano. Caso contrário, incidirão nas modalidades permanentes. Após a convalescência, o trabalhador deverá retornar às suas atividades normais.

11.5 Perícias Médicas

Devem ser feitas nos casos de acidentes e lesões corporais, doenças profissionais relacionadas com o trabalho e *causas mortis* associadas a acidentes e doenças inerentes. Com relação aos acidentes do trabalho, as perícias médicas serão feitas por:

- **Peritos médicos:** são facultativos, mas geralmente é um clínico-geral credenciado pelo INSS, que examinará o acidentado ou o portador de doença do trabalho, podendo assegurar o benefício pretendido: auxílio-doença, auxílio-acidente e aposentadoria por invalidez.

- **Médico-legista:** com graduação em Medicina e concursado, procede a realização dos exames de corpo de delito, analisando e compilando em laudos os vestígios deixados diante da ocorrência de uma infração penal. Geralmente, a doença do trabalho está associada à impregnação de substâncias em determinados órgãos, como coração, fígado e rins; com o tempo, ossos e cérebro também apresentam a impregnação. Para detectar a moléstia, na maior parte das vezes, basta um exame de urina.

11.5.1 Acidentes fatais

É necessária a ocorrência policial, em que a autoridade policial determinará instauração do inquérito policial, investigações em torno do caso, perícia no local dos fatos, oitivas dos familiares e testemunhas.

Exames de corpo de delito, modalidade, necroscópico e visceral exigem a ação do médico-legista. Quando terceiros, por culpa (imprudência, negligência ou imperícia), criação prévia de perigo, falta de cautela ou inabilidade com máquinas provocarem o acidente, será necessária a investigação policial. Da mesma forma, quando o acidente ocorrer por dolo, por causa de desentendimentos ou por conflitos envolvendo o acidentado.

Em cadáveres, a determinação da *causa mortis* pode ser feita pelo perito médico-legal, por meio do exame visceral e de órgãos (coração, fígado, ossos, tegumentos, cérebro etc.).

11.6 Doença e trabalho

Intempérie, ambiente insalubre e temperatura ambiental alterada são algumas das condições que desenvolvem enfermidades nos trabalhadores.

Pela tabela classificatória de Schilling, temos:

Categoria	Definição	Exemplos
I – Trabalho como causa necessária	Doenças profissionais, intoxicações agudas de origem ocupacional	Silicose, intoxicação por chumbo
II - Trabalho como fator contributivo, mas não necessário	Etiologia múltipla, nexo causal de natureza epidemiológica	Câncer, varizes nas pernas, doenças do aparelho locomotor, hipertensão arterial
III - Trabalho como provocador de distúrbio latente ou agravador de doença já estabelecida ou preexistente	Etiologia múltipla	Dermatite de contato, asma, doenças mentais, bronquite crônica

11.7 Doenças do trabalho

Quando o trabalhador desenvolve doenças depois de exercer, por determinado tempo, atividades nas quais se expõe a poeira, radiações, agentes patogênicos, biológicos etc.

- Doenças e atividades:
  - **Saturnismo ou plumbismo**: chumbo.
  - **Hidrargismo**: mercúrio.
  - **Arsenismo**: arsênio.
  - **Cromismo**: cromo.
  - **Asbestose**: poeira de asbesto.
  - **Pneumoconiose dos mineiros**: carvão, pulmão negro.
  - **Baritose**: bário.
  - **Silicose ou poeira em jatos de areia**: sílica.
- Doenças do trabalho mais comuns:
  - **LER/DORT:** lesão por esforços repetitivos ou distúrbios osteomusculares relacionados ao trabalho são provocados por movimentos repetitivos ou por posturas inadequadas (posturas antiergonômicas). Deve-se ter cuidado no diagnóstico, pois muitas pessoas confundem a LER com uma simples torção ou com mau posicionamento em algum movimento.
  - **Antracose:** lesão pulmonar provocada pela fumaça de carvão, em trabalhadores em áreas de carvoarias. Geralmente a doença desencadeia problemas mais graves.

- » **Bissinose:** doença provocada pela poeira das fibras de algodão, em quem trabalha na indústria algodoeira.
- » **Surdez temporária ou definitiva:** a exposição a ruídos constantes provoca a perda da sensibilidade auditiva, que pode ser irreversível. A surdez que se desenvolve de forma lenta, silenciosa e prolongada ocorre em operários de obras de construção, operadores de telemarketing e trabalhadores que utilizam equipamentos que emitem ruídos.
- » **Dermatose ocupacional:** formação de placas na pele das pessoas que trabalham com graxa, óleo mecânico e que podem desenvolver alergias crônicas.
- » **Câncer de pele:** a exposição excessiva do trabalhador ao Sol (lavrador, carteiro, lixeiro) costuma desenvolver câncer de pele. Doença comum no Brasil, só é considerada doença do trabalho se a exposição ao Sol fizer parte da atividade laboral.
- » **Siderose:** ocorre em trabalhadores que inalam partículas de ferro ao exercerem suas atividades em minas desse mineral. As partículas microscópicas se alojam nos bronquíolos e provocam falta de ar constante.
- » **Catarata:** trabalhos que são executados em altas temperaturas podem afetar o cristalino (lente) e provocar cegueira.
- » **Doenças por função:** trabalhadores da indústria de alimentos podem ser contaminados pelos produtos orgânicos que manuseiam.
- » **Doenças psicossociais:** depressão e outras doenças de ordem emocional podem estar associadas ao número de horas trabalhadas, à pressão do serviço, ao desentendimento com patrões e com colegas de trabalho. O profissional acaba ficando desanimado e desenvolve tristeza profunda.

11.8 Sipat

A Semana Interna de Prevenção de Acidentes de Trabalho (Sipat) é um evento obrigatório pela legislação trabalhista brasileira. Organizada anualmente pela Comissão Interna de Prevenção de Acidentes (CIPA), pelo Serviço Especializado em Engenharia de Segurança e Medicina do Trabalho, é a maneira responsável e saudável com que as empresas de maneira didática promovem palestras relativas a possíveis acidentes de trabalho. A Sipat consta da Portaria nº 3.214, NR-5, item 5.16 – Atribuições da CIPA, alínea "O".

QUESTÕES

1. **(FGV – 2021 – PC/RN – DELEGADO)** O cadáver de uma mulher jovem foi encontrado sobre a cama em meio a travesseiros e cobertas em desalinho. O exame pericial, na cena do crime, indicou a presença de múltiplas equimoses violáceas na face e membros superiores, bem como escoriações avermelhadas, em forma de meia lua, na face lateral direita do pescoço, com lábios e extremidades dos dedos arroxeadas.
A principal suspeita é a morte por:
   a) sufocação direta.
   b) sufocação indireta.
   c) esganadura.
   d) estrangulamento.
   e) enforcamento.

2. **(FGV – 2021 – PC/RN – DELEGADO)** Os fuzis, armas militares utilizadas pelo crime organizado, disparam projéteis de alta energia cinética.
Em relação às características desses projéteis, é correto afirmar que:
   a) mantêm sua estabilidade a partir dos 100m.
   b) pela sua alta velocidade, mantêm-se íntegros quando retirados do cadáver.
   c) por terem ponta afilada, os orifícios de entrada são sempre de pequeno diâmetro.
   d) pela sua alta velocidade, não permitem realizar exame de microcomparação balística.
   e) por possuírem revestimento metálico, não costumam se fragmentar.

3. **(FGV – 2021 – PC/RN – DELEGADO)** As drogas, de modo geral, têm uma classificação de acordo com os seus princípios ativos e seus efeitos.
São substâncias psicolépticas somente:
   a) anfetamina, ácido lisérgico e mescalina.
   b) anfetamina, álcool etílico e psilocibina.
   c) maconha, anfetamina e álcool etílico.
   d) barbitúrico, anfetamina e opiáceo.
   e) barbitúrico, álcool etílico e benzodiazepínico.

4. **(FGV – 2021 – PC/RN – DELEGADO)** Nos incêndios com grandes aglomerações, em ambientes fechados, a causa da morte pode não ser a ação térmica direta, mas a inalação de gases tóxicos, dentre os quais o mais importante, nesses casos, é:
   a) monóxido de carbono.
   b) metano.
   c) sulfídrico.
   d) sulfeto de hidrogênio.
   e) dióxido de enxofre.

5. **(FGV – 2021 – PC/RN – DELEGADO)** Adolescente é detido após praticar um roubo em via pública. Na delegacia de polícia, ele não apresenta identificação e alega que é menor.

    O delegado, nesse caso, deve encaminhar o adolescente ao:

    a) órgão responsável pela identificação dactiloscópica.

    b) Instituto Médico Legal, para a coleta de sangue e análise de DNA.

    c) Instituto Médico Legal, para a radiografia dos punhos.

    d) Instituto Médico Legal, para a radiologia da coluna vertebral e medida do ângulo de Cobb.

    e) Instituto Médico Legal, para exame antropométrico.

6. **(FGV – 2021 – PC/RN – AGENTE E ESCRIVÃO SUBSTITUTO)** Um dos métodos mais fidedignos para a pesquisa de pólvora na mão do atirador, também chamado de residuograma, é realizado por meio da:

    a) diafanoscopia.

    b) reação de residronato.

    c) microscopia eletrônica de varredura.

    d) pesquisa química de chumbo, bário e antimônio.

    e) microscopia ótica para detecção de grânulos de chumbo.

7. **(FGV – 2021 – PC/RN – AGENTE E ESCRIVÃO SUBSTITUTO)** Em uma casa noturna, um homem inicia luta corporal e desfere socos em outro indivíduo, este cai e bate com a cabeça na borda de uma mesa. É socorrido, levado para o hospital, operado e morre 48 horas depois.

    Na lei penal, esse crime é enquadrado como:

    a) homicídio simples.

    b) homicídio qualificado.

    c) homicídio culposo.

    d) lesão corporal gravíssima culposa.

    e) lesão corporal seguida de morte.

8. **(FGV – 2021 – PC/RN – AGENTE E ESCRIVÃO SUBSTITUTO)** Um indivíduo é agredido com três disparos de arma de fogo, levado ao hospital e submetido a cirurgia, permanecendo sete dias internado na UTI e recebendo alta no 16º dia de internação.

    Para que o perito conclua se houve perigo de vida, na avaliação das lesões é necessário:

    a) analisar o prontuário médico.

    b) verificar a presença de cicatriz cirúrgica.

    c) verificar se houve sequelas decorrentes da agressão.

    d) se fundamentar na oitiva da vítima durante o exame.

    e) solicitar a presença do médico que o atendeu.

9. **(FGV – 2021 – PC/RN – AGENTE E ESCRIVÃO SUBSTITUTO)** Um cadáver foi retirado da água após dois dias de desaparecimento.

   No exame cadavérico, realizado no IML, foi descrita pelo perito a presença de "pés e mãos de lavadeira", que representa:

   a) sinal *intravitam*.
   b) sinal de arrasto.
   c) sinal de morte agónica.
   d) afogamento em água doce.
   e) sinal precursor de maceração.

10. **(FGV – 2021 – PC/RN – AGENTE E ESCRIVÃO SUBSTITUTO)** As chamadas "manchas de Paltauf" têm dimensões variadas, contornos irregulares, tonalidade vermelho-clara e são produzidas pela ruptura das paredes alveolares e dos capilares sanguíneos.

    Essas manchas são encontradas no pulmão dos:

    a) estrangulados.
    b) enforcados.
    c) afogados.
    d) asfixiados por monóxido de carbono.
    e) soterrados.

Texto para as próximas 2 questões:

João, 18 anos de idade, estava em um bar quando percebeu a presença de dois desafetos, Diego, de 19 anos de idade, e Pedrinho, de 16 anos de idade. Os dois se aproximaram de João e realizaram disparos de arma de fogo, que o atingiram na cabeça, no pescoço, no tórax e no abdome. João não resistiu e faleceu no local. Diego foi preso e encaminhado à delegacia circunscricional mais próxima; Pedrinho conseguiu fugir. Em seu depoimento, Diego relatou que ambos não tinham intenção de matar a vítima, e que os tiros haviam sido disparados a distância, após verificarem que João havia sacado uma pistola e apontado em direção à dupla. Ao exame necroscópico da vítima, foram observados, na região temporal (cabeça), uma zona de tatuagem, e, na região cervical (pescoço), o sinal de Werkgaertner.

Considerando a situação hipotética relatada, julgue os itens a seguir.

11. **(CESPE/CEBRASPE – 2021 – PC/SE – AGENTE DE POLÍCIA JUDICIÁRIA)** É correto afirmar que as lesões causadas em João foram do tipo perfurocontusas, tipicamente produzidas por projétil de arma de fogo.

    Certo ( )   Errado ( )

12. **(CESPE/CEBRASPE – 2021 – PC/SE – AGENTE DE POLÍCIA JUDICIÁRIA)** Os achados do exame necroscópico corroboram o relato dos agressores de que os tiros foram efetuados a distância.

    Certo ( )   Errado ( )

Texto para as próximas 2 questões:

Mariana retornava para casa no sábado à noite após o trabalho quando, no meio do caminho, avistou Antônio, seu vizinho, se aproximando de carro. Antônio lhe ofereceu carona até em casa e Mariana aceitou. Após algumas horas, ela compareceu à delegacia relatando que Antônio a levara para um matagal, a agredira fisicamente com socos e chutes e a obrigara a praticar sexo com ele. Mariana informou que era virgem até então. O delegado registrou a ocorrência policial de violência sexual e Mariana foi encaminhada ao IML da cidade para a realização de exame de corpo de delito. Durante o exame, o perito médico-legista observou que a vítima apresentava equimoses arroxeadas pelo corpo, além de escoriações e marcas de mordida e rotura himenal recente.

A respeito da situação hipotética relatada, julgues os itens que se seguem.

13. **(CESPE/CEBRASPE – 2021 – PC/SE – AGENTE DE POLÍCIA JUDICIÁRIA)** Após o exame, o perito médico-legista deve elaborar um prontuário médico legal encaminhá-lo à autoridade policial.

    Certo ( )   Errado ( )

14. **(CESPE/CEBRASPE – 2021 – PC/SE – AGENTE DE POLÍCIA JUDICIÁRIA)** As lesões apresentadas por Mariana são classificadas como lesões contundentes, produzidas por uma ação contusa.

    Certo ( )   Errado ( )

15. **(INSTITUTO ACESSO – 2019 – PC/ES – DELEGADO)** Em um ferimento de entrada de projétil de arma de fogo, que atingiu a região do plano ósseo craniano, e foi produzido à queima roupa, é possível encontrar a presença de ferimento de forma:
    a) arredondada, bordas evertidas, zona de chamuscamento, pouco sangramento.
    b) regular, sinal do funil de Bonet, orlas e zonas, sangramento abundante.
    c) irregular, bordas evertidas, sinal de *puppe-werkgartner*, pouco sangramento.
    d) regular, bordas invertidas, sinal de *puppe-werkgartner*, abundante sangramento.
    e) irregular, bordas evertidas, diâmetro desproporcional e muito sangramento.

16. **(INSTITUTO ACESSO – 2019 – PC/ES – DELEGADO)** Em junho de 2011, um menino de 11 anos de nome Juan foi morto na Grande Vitória. Seu desaparecimento durou duas semanas. Um corpo de criança foi encontrado, no mesmo período, em estado de putrefação, nas margens de um córrego, cerca de alguns quilômetros de distância do local do crime. Na perícia de local, a antropóloga forense identificou o cadáver como sendo de uma menina. Posteriormente, por meio de exame genético, comprovou-se que aquele cadáver era do menino de 11 anos. A antropóloga forense, para identificação daquele corpo, de acordo com sua faixa etária, não poderia utilizar o(s)/a(s):
    a) desenvolvimento de pelos pubianos.
    b) parâmetros morfológicos confiáveis.
    c) radiografias das mãos.
    d) crânio braquicéfalo.
    e) suturas cranianas afastadas.

17. **(INSTITUTO ACESSO – 2019 – PC/ES – DELEGADO)** A respeito da identificação criminal, assinale a alternativa correta:
    a) A fotografia sinalética constitui um método bastante eficaz de identificação e, por sua precisão, pode ser utilizada como método isolado de identificação de pessoas.
    b) A rugopalatoscopia é um método de identificação que leva em consideração as cristas sinuosas existentes do palato duro.
    c) As tatuagens não possuem valor significativo no processo de identificação de pessoas.
    d) Ilhotas, forquilhas e bifurcações são espécies de pontos característicos existentes nos desenhos digitais, sendo que a presença de ao menos quatro destes pontos, sem nenhum ponto de divergência, indica confronto positivo para a identificação do suspeito.
    e) A datiloscopia se constitui um excelente método de identificação e tem como principais características a unicidade, a mutabilidade, a praticidade e a classificabilidade.

18. **(INSTITUTO ACESSO – 2019 – PC/ES – DELEGADO)** Enquanto área de estudo e aplicação de conhecimentos científicos, a Medicina Legal está alicerçada em um conjunto de conhecimentos destinados a defender os direitos e os interesses dos homens e da sociedade. Assinale a seguir a alternativa que descreve corretamente a Medicina Legal.
    a) É fundamentalmente uma forma de apoiar as investigações das polícias técnicas, sempre que haja evento a ser investigado que resultou em dano físico e/ou mental.
    b) É um conjunto de noções sobre como ocorrem as lesões corporais, as consequências delas decorrentes, as alterações relacionadas com a morte e os fenômenos cadavéricos, além da formulação de conceitos diferenciais em embriaguez e uso de drogas, as asfixias mecânicas e suas características, os crimes sexuais e sua análise pericial, entre outros.
    c) É uma atribuição designada ao médico legista, podendo ser exercida por profissional civil ou militar, desde que investido por instituição que assegure a competência legal e administrativa do ato profissional.
    d) É um conhecimento médico e paramédico que, no âmbito do direito, concorre para a elaboração, interpretação e execução de leis existentes. Por meio de pesquisa científica realiza seu aperfeiçoamento, estando a medicina a serviço das ciências jurídicas e sociais.
    e) É a aplicação de conhecimento médico e biológico na execução de leis segundo a previsão legal, com obrigação de fazer relatórios cooperando na elaboração, auxiliando na interpretação, e colaborando na execução das leis de forma a ser uma medicina aplicada.

19. **(FUMARC – 2021 – PC/MG – DELEGADO SUBSTITUTO)** Criança de 12 anos, vítima frequente de maus tratos pelos pais, durante um dos episódios, levou soco no olho direito, o que levou a descolamento de retina, com déficit visual homolateral. Trata-se de lesão corporal:
    a) grave, pois houve debilidade permanente da função visual.
    b) leve, pois não houve deformidade externa, apenas lesão interna, sem perda total da função.

c) somente poderá ser classificada na dependência do grau de prejuízo às suas funções rotineiras.

d) somente poderá ser classificada se houver prejuízo à sua profissão, na sua maioridade, com perdas financeiras.

20. **(FUMARC – 2021 – PC/MG – DELEGADO SUBSTITUTO)** Cadáver de 40 anos foi encontrado em casa em putrefação na chamada "mancha verde abdominal" que ocorre no(a):
    a) fossa ilíaca esquerda, pela presença do sigmoide.
    b) fossa ilíaca direita, pela presença do ceco.
    c) hipocôndrio direito, pela presença da bile na vesícula biliar.
    d) hipocôndrio esquerdo, pela presença do cólon descendente.

21. **(FUMARC – 2021 – PC/MG – DELEGADO SUBSTITUTO)** A sexologia forense estuda os vestígios decorrentes dos crimes contra a liberdade sexual, infanticídio, aborto, bem como os desvios sexuais e parafilias. A riparofilia é o(a):
    a) a perversão sexual que uma pessoa tem de se relacionar com mulheres desasseadas, preferindo aquelas que estejam menstruadas.
    b) crime caracterizado pela penetração de pênis em vagina, sem o consentimento ou sob grave ameaça.
    c) crime de abandono de recém-nascido cometido pelo pai.
    d) relação sexual com o uso de objetos durante o ato, com a finalidade de obter maior satisfação durante a cópula.

22. **(FUMARC – 2021 – PC/MG – DELEGADO SUBSTITUTO)** Durante a perícia de um corpo esqueletizado, os achados mais evidentes do dimorfismo sexual são observados no(a):
    a) clavícula.
    b) fêmur.
    c) pelve.
    d) úmero.

23. **(FUMARC – 2021 – PC/MG – DELEGADO SUBSTITUTO)** O médico legista deve estar atento ao diagnóstico diferencial entre as rupturas himenais por coito e os retalhos de hímen roto pelo parto vaginal. Os retalhos himenais se retraem, constituindo verdadeiros tubérculos em sua implantação, e correspondem a:
    a) carúnculas mirtiformes.
    b) chanfraduras vulvo-himenais.
    c) entalhes himenais.
    d) hímens cribriformes.

24. (FUMARC – 2021 – PC/MG – DELEGADO SUBSTITUTO) Nas mortes violentas ou suspeitas, já previstas por lei, os peritos nomeados ou oficiais, por solicitação da autoridade competente, só poderão realizar a necropsia após 6 h de verificado o óbito. Sobre o exame necroscópico, é correto afirmar que:
a) é um exame que pode ser realizado no indivíduo vivo ou morto.
b) não pode ser documentado por meio de um relatório médico-legal.
c) não pode ser realizado em indivíduos menores de um ano de idade.
d) um dos objetivos é destacar a causa da morte.

25. (FUMARC – 2021 – PC/MG – DELEGADO SUBSTITUTO) Diversos fatores podem interferir na evolução da putrefação cadavérica, exceto:
a) Espasmo cadavérico.
b) Idade do morto.
c) Temperatura ambiente.
d) Umidade do ar.

26. (FUMARC – 2021 – PC/MG – DELEGADO SUBSTITUTO) Um médico legista, ao chegar à sala de necropsia, deparou-se com três cadáveres cuja causa da morte foi asfixia. Durante o exame necroscópico, foi identificado no primeiro corpo, sulco único, com profundidade variável e direção oblíqua ao eixo do pescoço; no segundo, os sulcos são duplos, de profundidade constante e transversais ao eixo do pescoço; no terceiro, em vez de sulcos, havia equimoses e escoriações nos dois lados do pescoço. A causa da morte mais provável em cada um deles é, respectivamente:
a) esganadura, enforcamento e estrangulamento.
b) enforcamento, estrangulamento e esganadura.
c) esganadura, estrangulamento e enforcamento.
d) estrangulamento, esganadura e enforcamento.

27. (FUMARC – 2021 – PC/MG – DELEGADO SUBSTITUTO) Jovem do sexo masculino, 45 anos, foi atropelado na via pública por um ônibus, sofrendo trauma toracoabdominal, com hemotórax e hemoperitônio. Foi socorrido, submetido à laparotomia e drenagem de tórax, com drenagem em selo d'água. Recuperou-se do coma, porém ficou internado por 2 meses, tendo broncopneumonia, sepse e veio a óbito. Neste caso, a declaração de óbito deverá ser emitida:
a) no IML, pelo nexo-causal entre o acidente e a causa do óbito.
b) no SVO, pois o evento final foi de causa natural.
c) pelo cirurgião que operou o paciente.
d) pelo plantonista do CTI do hospital no momento do óbito.

28. **(FAPEC – 2021 – PC/MS – DELEGADO)** O Delegado de Polícia titular da Delegacia de Costa Rica – MS, ao chegar em um local de crime, deparou-se com dois cadáveres: o primeiro apresentava estigmas ungueais em torno do pescoço, palidez da face, máscara equimótica e sufusões hemorrágicas nas conjuntivas. O segundo cadáver apresentava sulcos duplos transversais ao eixo do pescoço, com profundidade constante, máscara equimótica e sufusões hemorrágicas nas conjuntivas. Na situação descrita, os tipos de mortes mais prováveis são, respectivamente:
   a) asfixias por enforcamento e por estrangulamento.
   b) asfixias por esganadura e por estrangulamento.
   c) asfixias por esganadura e por enforcamento.
   d) asfixias por estrangulamento e por esganadura.
   e) asfixias por estrangulamento e por enforcamento.

29. **(FAPEC – 2021 – PC/MS – DELEGADO)** A tanatologia forense, tradicionalmente, é compreendida como o ramo da medicina legal que tem como objeto de estudo a morte, o morto e suas repercussões. Sobre os fenômenos cadavéricos, é correto afirmar, exceto:
   a) a autólise é o processo de destruição das células pela ação de suas próprias enzimas.
   b) a maceração é um processo de transformação no qual há destruição dos tecidos moles do cadáver, provocada pela ação prolongada de líquidos. Os estudos apontam para duas espécies de maceração: a séptica, resultado da exposição prolongada do cadáver em ambiente líquido contaminado; e a asséptica, em que não há contaminação do líquido onde o cadáver se encontra submerso.
   c) a saponificação, também conhecida como adipocera, é um fenômeno transformativo destrutivo em que o tecido do corpo adquire um aspecto amarelo-acinzentado, untuoso, mole ou quebradiço. Geralmente, a saponificação ocorre quando o cadáver fica exposto a um ambiente excessivamente úmido, quente e pouco arejado.
   d) a corificação é um processo transformativo em que o cadáver adquire um aspecto semelhante ao couro, pois seus tecidos cutâneos são transformados em razão da desidratação. Em alguns casos, é possível a reidratação dos tecidos para identificar as lesões no cadáver, possibilitando-se diferenciar as lesões causadas em vida das provocadas *post mortem*.
   e) uma das fases da putrefação é a chamada fase gasosa, que ocorre com o início da decomposição, quando são formados gases no interior do corpo do cadáver. É nessa fase que é possível observar a chamada circulação póstuma de Brouardel.

30. **(AOCP – 2021 – PC/PA – DELEGADO)** Durante a noite, um duplo homicídio aconteceu no interior de um sítio próximo à rodovia. Não há família nem documentos no local do crime. Em relação ao processo de identificação dos cadáveres em questão, assinale a alternativa correta.
   a) O reconhecimento facial dos cadáveres se dá ainda no local do crime por ação do Perito Papiloscopista, visto que este é o responsável pela gestão da equipe de Antropologia Forense.
   b) A identificação por datiloscopia é um processo confiável, porém de difícil execução, pois exige um dispendioso esforço financeiro do estado que impossibilita o acesso a essa tecnologia.

c) Um caso como este só pode ter resolutividade através do exame de DNA. O Perito Médico Legista é o profissional responsável pela execução desse processo de identidade.

d) O policial civil que for designado para esse caso tem o dever de definir a identificação dos corpos ainda no local de crime pelo método antropométrico de Bertillon.

e) No sistema dactiloscópico de Vucetich, a impressão do polegar da mão direita denomina-se fundamental e é a base da classificação do sistema.

31. (AOCP – 2021 – PC/PA – DELEGADO) Nas dependências da delegacia, um preso é encontrado morto com uma cinta no pescoço amarrada a uma grade a 1,63 metro de altura. Observou-se que o prisioneiro foi encontrado com os joelhos fletidos e com os pés tocando o chão. Foi também constatada a existência de dois sulcos retilíneos e sem interrupções no pescoço. Sobre o mecanismo de sua morte, assinale a alternativa correta.

a) Jamais seria vítima de enforcamento, pois é impossível um indivíduo se enforcar com os pés no chão.

b) Poderia ser vítima de estrangulamento que é caracterizado por constrição das estruturas do pescoço por laço provocado por ação externa.

c) Poderia ter sido vítima de degolamento, sendo que os dois sulcos no pescoço falam a favor dessa modalidade. O aspecto retilíneo e um sulco sem interrupções por toda a extensão do pescoço confirmam essa hipótese.

d) Foi vítima de uma provável esganadura, sendo que as marcas do pescoço encontradas são típicas dessa modalidade de asfixia provocada pelo uso das mãos do agressor.

e) Poderia ser vítima de um provável enforcamento, sendo que os dois sulcos no pescoço e o aspecto retilíneo sem interrupções são típicos dessa modalidade de asfixia que se caracteriza pela construção das estruturas do pescoço provocada pelo peso do próprio corpo.

32. (AOCP – 2021 – PC/PA – DELEGADO) Paciente do sexo feminino, 30 anos, recebe atendimento em um serviço de emergência com o seguinte relato: estava bebendo em uma badalada casa de shows quando começou a conversar com um desconhecido que lhe ofereceu um "comprimidinho da felicidade" e, a partir desse momento, não tem mais recordações dos fatos. Acordou em casa sem sua calcinha e com dor e edema em região genital. Quanto ao caso, assinale a alternativa correta.

a) Ela deverá lavar sua região genital com água corrente e fazer a esterilização com pomada ginecológica apropriada.

b) Não há caracterização do estupro, pois a vítima ingeriu o comprimido por vontade própria.

c) Para o crime de estupro ser tipificado, é necessária a violência física, o que não se observa no caso.

d) Dentre os diversos papéis da perícia nesse caso, está o da possibilidade de identificação do agressor através da coleta de material da região genital.

e) A realização da perícia não é obrigatória e só pode ser requisitada pelo médico ginecologista.

33. **(AOCP – 2021 – PC/PA – DELEGADO)** Cadáver é encontrado em via pública com uma lesão de formato circular – com 0,5 centímetros de diâmetro, bordas regulares e invertidas, zonas de contusão e enxugo – localizada na região peitoral esquerda. Sobre os achados encontrados ao exame externo, assinale a alternativa correta.
    a) A lesão observada tem características de entrada de projétil de arma de fogo à distância.
    b) A lesão apresenta achados típicos de saída de projétil de arma de fogo.
    c) A lesão apresenta características típicas encontradas em entrada por projétil de arma de fogo encostado.
    d) A lesão foi provocada por instrumento contundente.
    e) A lesão foi provocada por arma branca.

34. **(NC-UFPR – 2021 – PC/PR – DELEGADO)** Cadáver em bom estado de conservação é encontrado por transeuntes em estrada carroçável e é levado ao instituto de medicina legal mais próximo do fato. Possíveis familiares afirmam tratar-se de um parente a quem não encontram há vários anos. A forma mais prática e menos onerosa para identificar o cadáver é através do/da:
    a) reconhecimento pela família, que deve assinar formulário específico para tal.
    b) sistema antropométrico de Bertillon.
    c) sistema odontológico de Amoedo.
    d) impressão digital genética do ADN.
    e) sistema dactiloscópico de Vucetich.

35. **(NC-UFPR – 2021 – PC/PR – DELEGADO)** Considere o seguinte texto:
    Uma mulher de 22 anos foi presa em flagrante ontem sob a acusação de ter arremessado a filha recém-nascida da janela do banheiro de seu apartamento, no 2º andar de um prédio em um condomínio em Jardins do Planalto, bairro de Mossoró (RN), a cerca de 270 km de Natal. "Ela disse que fez o parto sozinha, que bateu a barriga na pia quando saiu do banho e logo depois sentiu vontade de urinar. Ao sentar no vaso sanitário, o bebê nasceu e não chorou. Ela relatou que, em seguida, jogou a filha pela janela por acreditar que a recém-nascida estava morta", informou o delegado. Entretanto, a necropsia constatou que o bebê estava vivo quando foi jogado pela janela.

    (GAMA, Aline. Mãe atira bebê recém-nascida de prédio no RN após esconder gravidez. UOL. Disponível em: https://noticias.uol.com.br/cotidiano/ultimas-noticias/2019/02/18 mae-atira-bebe-recem-nascida-depredio-no-rn-apos-esconder-gravidez.htm. Acesso em: 19/04/2021.)

    São todos métodos para determinar que a criança estava viva quando foi desprezada pela janela:
    a) Docimásia de Bordas, Teste de Middelorf, Teste de SolaOrella-Gonzales.
    b) Reação de Baecchi, Presença dos Cristais de Westenhöffer-Rocha-Valverde, Docimásia de Galeno.
    c) Teste de Allen, Presença dos Cristais de Westenhöffer-Rocha-Valverde, Presença da Circulação de Brouardel.
    d) Docimásia de Galeno, Docimásia de Bordas, Docimásia de Balthazard.
    e) Docimásia de Balthazar, Teste de Allen, Teste de SolaOrella-Gonzales.

36. **(NC-UFPR – 2021 – PC/PR – DELEGADO)** Considere o seguinte caso hipotético: Cadáver de sexo feminino, adulta, caucasiana, foi encontrada em um cafezal, em Santo Antônio da Platina-PR, em posição prona, despida, com livores de hipóstase presentes em dorso, com rigidez cadavérica acometendo mandíbula, tronco e membros. Não foi observada mancha verde abdominal. No entorno do corpo, não havia manchas de sangue. Em exame mais detalhado, no necrotério do instituto de medicina legal, após lavagem do ferimento, foram observados os seguintes ferimentos na região cervical posterior direita (figura 1) e na região cervical posterior esquerda (figura 2).

Figura 1

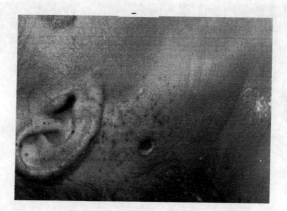

Figura 2

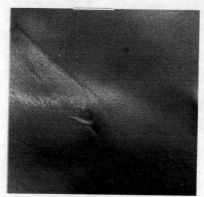

Com base no caso descrito, o local onde o ato violento ocorreu, a hora aproximada da morte e a direção do disparo são, respectivamente:

a) local diverso de onde foi encontrado o corpo – mais de 12 e menos de 24 horas – da direita para a esquerda.

b) mesmo local onde foi encontrado o corpo – mais de 24 e menos de 48 horas – da direita para a esquerda.

c) local diverso de onde foi encontrado o corpo – mais de 12 e menos de 24 horas – da esquerda para a direita.

d) local diverso de onde foi encontrado o corpo – mais de 24 e menos de 48 horas – da esquerda para a direita.

e) mesmo local onde foi encontrado o corpo – mais de 12 e menos de 24 – da esquerda para a direita.

37. **(NC-UFPR – 2021 – PC/PR – DELEGADO)** Considere o seguinte caso hipotético: Indivíduo masculino, caucasiano, 62 anos de idade, servidor público de nível superior do IFPR, é encaminhado pela delegacia de plantão de Foz do Iguaçu ao IML da cidade, afirmando ter sido agredido pela esposa na região da boca.

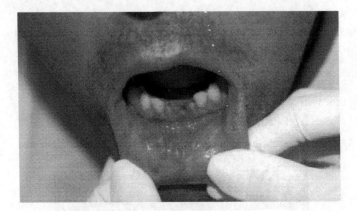

Conforme figura acima, o médico legista de plantão constata que o homem apresenta uma lesão:

a) grave.
b) gravíssima.
c) leve.
d) idiopática.
e) severa.

38. **(NC-UFPR – 2021 – PC/PR – DELEGADO)** Entre os conceitos a seguir, assinale a alternativa que apresenta uma definição de medicina legal.

a) Disciplina que defende os interesses sociais e individuais indisponíveis.
b) Especialidade que estuda dados oriundos de experimentos clínicos.
c) Arte de fazer relatórios em juízo.
d) Estudo da origem das propriedades físicas e químicas.
e) Ciência que estuda os processos químicos que ocorrem nos organismos vivos.

Texto para as próximas 4 questões:

A respeito de identificação médico-legal, de aspectos médico-legais das toxicomanias e lesões por ação elétrica, de modificadores da capacidade civil e de imputabilidade penal, julgue os itens.

39. **(CESPE/CEBRASPE – 2018 – PC/SE – DELEGADO SUBSTITUTO)** O procedimento de identificação de uma pessoa baseia-se na comparação entre a experiência da sensação proporcionada no passado com a mesma experiência renovada no presente pela pessoa a ser identificada.

Certo ( )   Errado ( )

40. **(CESPE/CEBRASPE – 2018 – PC/SE – DELEGADO SUBSTITUTO)** O ácido lisérgico pode causar no usuário distúrbios de percepção e aguçamento dos sentidos: seus efeitos atingem o pico no prazo de duas a quatro horas do uso e podem durar até doze horas.

Certo ( )   Errado ( )

41. **(CESPE/CEBRASPE – 2018 – PC/SE – DELEGADO SUBSTITUTO)** A epilepsia é uma doença que, geralmente, não influencia na capacidade civil e na imputabilidade penal das pessoas.

Certo ( )   Errado ( )

42. **(CESPE/CEBRASPE – 2018 – PC/SE – DELEGADO SUBSTITUTO)** O termo eletroplessão é utilizado para se referir a lesões produzidas por eletricidade industrial, enquanto o termo fulguração é empregado para se referir a lesões produzidas por eletricidade natural.

Certo ( )   Errado ( )

Texto para as próximas 3 questões:

Um homem de cinquenta anos de idade assassinou a tiros a esposa de trinta e oito anos de idade, na manhã de uma quarta-feira. De acordo com a polícia, o homem chegou à casa do casal em uma motocicleta, chamou a mulher ao portão e, quando ela saiu de casa, atirou nela com uma arma de fogo, matando-a imediatamente. Em seguida, ele se matou no mesmo local, com um disparo da arma encostada na própria têmpora.

Considerando a situação hipotética apresentada e os diversos aspectos a ela relacionados, julgue os itens seguintes.

43. **(CESPE/CEBRASPE – 2018 – PC/SE – DELEGADO SUBSTITUTO)** O evento caracteriza um episódio de comoriência.

Certo ( )   Errado ( )

44. **(CESPE/CEBRASPE – 2018 – PC/SE – DELEGADO SUBSTITUTO)** O laudo cadavérico do homem citado no texto deve ser assinado por, no mínimo, dois peritos oficiais que tenham participado da necropsia.

Certo ( )   Errado ( )

45. **(CESPE/CEBRASPE – 2018 – PC/SE – DELEGADO SUBSTITUTO)** Ao realizar a necropsia no cadáver masculino, espera-se que sejam verificados sinal de Benassi, sinal do funil de Bonnet e câmara de mina de Hoffmann.

Certo ( )   Errado ( )

Texto para as próximas 2 questões:

Um homem de quarenta e cinco anos de idade morreu após se engasgar com um pedaço do sanduíche que comia em uma lanchonete. Ele estava na companhia do seu cunhado, que não conseguiu ajudá-lo a retomar o fôlego. Os empregados da lanchonete acionaram o socorro médico, mas não houve êxito na tentativa de evitar a morte do homem.

Considerando essa situação hipotética e os diversos aspectos a ela relacionados, julgue os itens seguintes.

46. **(CESPE/CEBRASPE – 2018 – PC/SE – DELEGADO SUBSTITUTO)** Se o socorro médico tivesse chegado uma hora após o óbito do homem, seria possível constatar a rigidez completa do cadáver e a presença de livores de hipóstases fixados.
    Certo ( )   Errado ( )

47. **(CESPE/CEBRASPE – 2018 – PC/SE – DELEGADO SUBSTITUTO)** O evento morte descrito será classificado, quanto à causa jurídica, como morte natural.
    Certo ( )   Errado ( )

48. **(VUNESP – 2018 – PC/SP – DELEGADO)** São os 3 fenômenos abióticos mediatos que ocorrem progressivamente após a morte. Algor (resfriamento), livor (manchas de hipóstase) e rigor (rigidez cadavérica). Destes, a rigidez generalizada pode ser observada:
    a)   somente após 48 horas do óbito.
    b)   entre 8 e 24 horas após o óbito
    c)   entre 1 e 2 horas do óbito.
    d)   entre 4 e 6 horas após o óbito.
    e)   entre 24 e 48 horas após o óbito.

49. **(VUNESP – 2018 – PC/SP – DELEGADO)** Ainda em relação à rigidez cadavérica, a figura representa a ligação entre a actína e a miosina II, importantes no processo de contratura muscular, consequentemente no processo de *rigor mortis*.

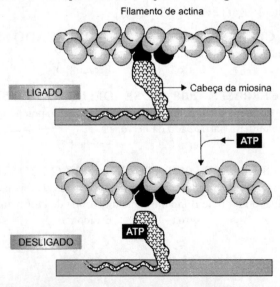

Assinale a alternativa correta.

a) A figura I representa a fase de relaxamento, que necessita de DNA nesse processo e corresponde ao religamento entre as duas moléculas.

b) A figura II representa a fase de relaxamento, que necessita de GUANINA nesse processo e corresponde à dissolução do citosol.

c) A figura II representa a fase de relaxamento, que necessita de ATP nesse processo e corresponde ao desligamento das duas moléculas.

d) A figura I representa a fase de relaxamento, que necessita de DNA nesse processo e corresponde ao desligamento entre as duas moléculas.

e) A figura I representa a fase de relaxamento, que necessita de ATP nesse processo e corresponde ao religamento entre as duas moléculas.

50. **(VUNESP – 2018 – PC/SP – DELEGADO)** A putrefação é o processo de decomposição da matéria orgânica por bactérias e pela fauna macroscópica, sendo um fenômeno destrutivo e transformativo, que acaba por devolvê-la à condição de matéria inorgânica. Alguns fatores podem influir e alterar esse processo, dentre eles a temperatura ambiente.

Podemos então afirmar corretamente que temperaturas:

a) abaixo de 5 graus celsius aceleram o processo.

b) abaixo de zero grau celsius tendem a conservar indefinidamente o corpo.

c) entre 5 e 10 graus celsius tendem a conservar indefinidamente o corpo.

d) acima de 25 graus celsius não aceleram o processo.

e) entre 10 e 15 graus celsius tendem a conservar o cadáver por cerca de 48 horas.

51. **(VUNESP – 2018 – PC/SP – DELEGADO)** Com relação à traumatologia médico-legal, a diferença conceitual entre degola (decapitação) e esgorjamento reside:

a) na separação total da cabeça do restante do corpo na degola, sendo a lesão sempre profunda.

b) no instrumento utilizado, sendo cortante na degola e cortante e contundente no esgorjamento.

c) no instrumento utilizado. Cortante na decapitação e contundente no esgorjamento.

d) na localização da lesão, sendo a degola posterior ao pescoço e o esgorjamento anterior ou lateral.

e) na localização da lesão, sendo a degola lateral e o esgorjamento anterior.

52. **(VUNESP – 2018 – PC/SP – DELEGADO)** De modo geral, nos casos de morte de causa desconhecida, o cadáver deve ser encaminhado para o IML (Instituto Médico Legal) ou para o SVO (Serviço de Verificação de Óbitos) respectivamente, quando a morte for decorrente de:

a) acidente de trânsito – suicídio.

b) causa natural sem assistência médica – acidente de trânsito.

c) homicídio – suicídio.

d) suicídio – morte natural ou suspeita sem assistência médica.

e) causa externa ou morte suspeita – morte natural sem assistência médica.

53. **(FUMARC – 2021 – PC/MG – ESCRIVÃO)** De acordo com a classificação de Afrânio Peixoto, as asfixias podem ser definidas como puras, complexas e mistas.
É um exemplo de asfixia pura:
a) a esganadura.
b) a asfixia por monóxido de carbono.
c) o enforcamento.
d) o estrangulamento.

54. **(FUMARC – 2021 – PC/MG – ESCRIVÃO)** A cronotanatognose é utilizada para:
a) determinar o tempo aproximado de morte da vítima.
b) determinar o tempo médio de duração da gestação.
c) indicar a idade da vítima no momento da morte.
d) indicar o tempo médio de vida da vítima.

55. **(FUMARC – 2021 – PC/MG – ESCRIVÃO)** É um exemplo de fenômeno cadavérico abiótico consecutivo:
a) Putrefação.
b) Relaxamento dos esfíncteres.
c) Rigidez cadavérica.
d) Saponificação.

56. **(FUMARC – 2021 – PC/MG – ESCRIVÃO)** O rompimento de barragem em Brumadinho, em 25 de janeiro de 2019, foi o maior acidente de trabalho no Brasil em perda de vidas humanas e o segundo maior desastre industrial do século. O desastre industrial, humanitário e ambiental causou a morte de 270 pessoas, incluindo oito desaparecidas, em números oficiais divulgados em 6 de outubro de 2021, com a identificação de 262 vítimas. A identificação do sexo de um cadáver humano adulto encontrado esqueletizado pode ser realizada por meio do estudo de algumas estruturas. Quais as principais estruturas ósseas que contribuem para essa identificação?
a) Crânio, mandíbula, ossos do tórax, ossos da pelve.
b) Fêmur, mandíbula, metatarsos, falanges.
c) Vértebras, falanges, costelas, ossos da pelve.
d) Vértebras, úmeros, metatarsos, ossos do tórax.

57. **(FUMARC – 2021 – PC/MG – ESCRIVÃO)** Nas mortes por calor (queimaduras), o sinal de Montalti corresponde à(às):
a) coleção hemática no espaço extradural.
b) flictenas simulando bolhas da putrefação.
c) posição de boxer ou boxeador da vítima de carbonização.
d) presença de fuligem nas vias aéreas.

58. (FAPEC – 2021 – PC/MS – AGENTE DE POLÍCIA CIENTÍFICA) São as lesões produzidas por ação perfurante. O instrumento, de pequeno calibre, atua por pressão, afastando as fibras do tecido, penetrando-o. Algumas das características da lesão são: diâmetro menor que o instrumento causador, devido à elasticidade da pele, e abertura estreita devido ao pequeno calibre do instrumento. Este tipo de lesão recebe no nome de:
a) perfurante.
b) punctória.
c) incisa.
d) hemorrágica.
e) contusa.

59. (FAPEC – 2021 – PC/MS – AGENTE DE POLÍCIA CIENTÍFICA) Alguns tipos de lesões cortocontusas recebem nomenclatura especial, como é o caso da emasculação. Este tipo de lesão é caracterizada pelo(a):
a) extirpação apenas do saco escrotal.
b) extirpação apenas do pênis.
c) avulsão da genitália externa masculina, ou seja, do pênis e do escroto.
d) separação do tronco pelas articulações.
e) esquartejamento dos membros inferiores.

60. (FAPEC – 2021 – PC/MS – AGENTE DE POLÍCIA CIENTÍFICA) Na Medicina Legal, alguns termos são utilizados para se precisar o diagnóstico de mortes em seres humanos. Quanto à maneira ou forma podemos citar a morte violenta que pode ser caracterizada corretamente por:
a) estado mórbido adquirido, resultado de alteração orgânica ou perturbação funcional.
b) desgosto e vontade incontrolada de cessar a vida.
c) causas externas e de instalação abrupta na maioria das vezes.
d) causas internas e de baixa evolução cadavérica.
e) sempre decorrente de acidentes involuntários.

61. (FAPEC – 2021 – PC/MS – AGENTE DE POLÍCIA CIENTÍFICA) Com a morte instalada, fenômenos abióticos, ou cadavéricos, têm início no organismo. De acordo com a classificação de Borri, esses fenômenos são classificados em abióticos imediatos, abióticos consecutivos e transformativos. A mumificação, por exemplo, é um fenômeno abiótico conservativo e se caracteriza por:
a) desidratação rápida e intensa do cadáver, com redução de massa e volume corpóreos, causando retração, enrugamento e endurecimento da pele. Ocorre quando o ambiente é quente, arejado e seco.
b) deixar o corpo com aspecto de sabão, queijo ou cera, devido à ação bacteriana. Ocorre quando o ambiente é úmido e com escassa ventilação.
c) infiltração dos tecidos do cadáver por sais de cálcio, gerando aparência pétrea. Ocorre principalmente em embriões ou fetos mortos.

d) diminuição da consistência corporal com achatamento ventral, amolecimento de tecidos e órgãos, deslocamento de ossos e de tecidos, destacamento do couro cabeludo e formação de bolhas epidérmicas com líquido avermelhado.

e) pigmentação intra-abdominal, que se inicia na fossa ilíaca direita, com a mancha verde abdominal.

62. (FAPEC – 2021 – PC/MS – AGENTE DE POLÍCIA CIENTÍFICA) Na Tanatologia Forense, o capítulo que estuda os meios de determinação do tempo transcorrido entre o óbito e o exame necroscópico é chamado de:
a) putrefação temporal.
b) diagnose evolutiva.
c) cronotagnose.
d) simbiose temporal.
e) diagnose diferencial da morte.

63. (FAPEC – 2021 – PC/MS – AGENTE DE POLÍCIA CIENTÍFICA) A limpeza e a desinfecção rotineiras de superfícies laboratoriais são práticas indispensáveis para a prevenção de contaminação laboratorial, do ambiente e de infecções em pessoas. A esterilização é o processo de destruição total de todos os micro-organismos na forma vegetativa e esporulada, por meio de agentes físicos ou químicos. A autoclavação é:
a) o meio de esterilização por calor úmido.
b) o meio de esterilização por calor seco.
c) o meio de desinfecção por meio de detergente.
d) o meio de pré-limpeza, antes da esterilização.
e) o meio de desidratação a vácuo.

64. (FAPEC – 2021 – PC/MS – AGENTE DE POLÍCIA CIENTÍFICA) A vidraria, quando autoclavada, deve ser colocada para secagem. Qual o equipamento indicado para o procedimento de secagem desses materiais?
a) Geladeira.
b) Cabide.
c) Cabine de segurança biológica.
d) Exaustor com filtro de alta eficiência.
e) Estufa.

65. (FAPEC – 2021 – PC/MS – AGENTE DE POLÍCIA CIENTÍFICA) Lesões perfuroincisas são aquelas produzidas por ação perfurante e cortante, simultaneamente. O instrumento atua por pressão, penetrando o tecido, por deslizamento de seu gume, cortando-o. Alguns instrumentos capazes de produzir lesões perfuroincisas são:
a) projétil de arma de fogo, faca, machado e punhal.
b) faca-peixeira, punhal, espada e adaga.
c) foice, machado, enxada e dente.
d) agulha, bisturi, punhal e dente.
e) faca, projétil de arma de fogo, enxada e cabo de enxada.

QUESTÕES

66. (VUNESP – 2018 – PC/BA – INVESTIGADOR) Senhora de 73 anos de idade, viúva, com antecedentes de *diabetes mellitus* e doença arterial coronariana, mas sem acompanhamento médico há 5 anos, é encontrada morta na cama onde habitualmente dormia, quando a filha foi visitá-la. Após acionar a autoridade policial, logo a equipe pericial chega ao local de morte. Aparentemente, não houve alteração da cena. O cadáver estava em decúbito dorsal, sem sinais de injúrias externas, com livores de hipóstase fixos, rigidez cadavérica em todo o corpo e ausência de mancha verde abdominal. Considerando a temperatura ambiente de aproximadamente 20ºC e ausência de fatores internos e externos que possam influenciar a cronologia de fenômenos cadavéricos, constitui, com maior probabilidade, uma estimativa aproximada correta do tempo de morte (intervalo *post mortem*):

a) 4 horas.
b) 7 horas.
c) 15 horas.
d) 24 horas.
e) 36 horas.

67. (VUNESP – 2018 – PC/BA – INVESTIGADOR) O conceito de estupro foi ampliado com as alterações da Lei nº 12.015, de 7 de agosto de 2009, tendo a seguinte redação: "Constranger alguém, mediante violência ou grave ameaça, a ter conjunção carnal ou a praticar ou permitir que com ele se pratique outro ato libidinoso". Com relação aos aspectos médico-legais de estupro, é correto afirmar:

a) a conjunção carnal é caracterizada quando existe a introdução completa ou incompleta do pênis na cavidade vaginal, ocorrendo ou não ejaculação, cópula vestibular ou vulvar e o coito oral ou anal.

b) a anestesia, os estados hipnóticos (induzidos ou provocados), a embriaguez completa e a ação das drogas alucinógenas são exemplos de violência efetiva psíquica.

c) o estupro mediante violência presumida é chamado de "estupro de vulnerável", em que são as vítimas menores de 12 anos e os portadores de enfermidade ou deficiência mental, sem o devido discernimento para a prática do ato.

d) o atentado violento ao pudor é caracterizado quando há atos libidinosos, como a masturbação e os toques indevidos em órgãos sexuais, sem indícios de conjunção carnal.

e) a violência é presumida quando existe o concurso da força física ou o emprego de meios capazes de privar ou perturbar o entendimento da vítima, impossibilitando-a de reagir ou defender-se.

68. (VUNESP – 2018 – PC/BA – ESCRIVÃO) Imputabilidade é a condição de quem é capaz de realizar um ato com pleno discernimento, sendo um fato subjetivo, psíquico e abstrato. Ao cometer um delito, o indivíduo transforma essa capacidade em um fato concreto, o que se denomina de imputação. Com relação ao aspecto médico-legal do tema, é correto afirmar que:

a) o surdo e o mudo congênitos ficam parcialmente limitados de perceber o mundo de relação, o que afeta a normalidade sensorial e os meios de reação de defesa, e, por isso, são considerados inimputáveis.

b) a cleptomania é definida pela falta de controle no ato de furtar que, em geral, tem como alvo objetos insignificantes e de pouco valor. Todavia, a condição é caracterizada por uma falha na capacidade de controlar sua impulsividade, o que justifica a sua inimputabilidade.

c) a esquizofrenia pode levar a uma variedade de delitos, exóticos e racionalmente incompreensíveis, que são considerados inimputáveis. Os mais graves são decorrentes da forma catatônica, sobretudo na fase controlada da doença.

d) o Código Penal em vigor não exclui a responsabilidade por delito cometido sob o domínio da paixão ou da violenta emoção, quando há injusta provocação da vítima, mas dá caráter atenuante ao delito.

e) os menores de 16 anos são penalmente inimputáveis, embora a inimputabilidade seja parcial para os menores de 18 anos, já que podem sofrer punições, como prestação de serviços à comunidade, liberdade assistida e internação em estabelecimento educacional por até 3 anos.

69. **(VUNESP – 2018 – PC/BA – ESCRIVÃO)** Assinale a alternativa que contém um achado sugestivo de fenômeno abiótico consecutivo ou mediato pós-morte, bem como a sua correta explicação.

a) Contratura ou exagero do tônus muscular, causado pela falta de glicose e nutrientes, levando à progressiva acidificação intracelular e destruição mitocondrial.

b) Diminuição e perda da tensão do globo ocular, que se mostra mole e depressível devido à transudação e à evaporação.

c) Livores de hipóstase de tonalidade violácea encontrados na parte de declive dos cadáveres, causados pela formação do hidrogênio sulfurado combinado com a hemoglobina.

d) Processo de lesão celular causado pelas próprias enzimas citoplasmáticas que levam à destruição do corpo humano logo após a morte, sem nenhuma interferência bacteriana.

e) Relaxamento muscular com dilatação pupilar, abertura das pálpebras, relaxamento do esfíncter anal e presença de esperma no canal uretral.

70. **(FUMARC – 2018 – PC/MG – ESCRIVÃO)** A tonalidade da equimose é um aspecto de grande interesse médico pericial. Sobre isso, é correto afirmar que é sempre:

a) avermelhada. Depois, com o correr do tempo, ela se apresenta vermelho-escura, violácea, azulada, esverdeada e, finalmente, amarelada, desaparecendo, em média, entre 15 e 20 dias.

b) avermelhada. Depois, com o correr do tempo, ela se apresenta vermelho-escura, violácea, azulada, esverdeada e, finalmente, amarelada, desaparecendo, em média, entre 8 e 14 dias.

c) vermelho-escura. Depois, com o correr do tempo, ela se apresenta avermelhada, violácea, azulada, esverdeada e, finalmente, amarelada, não desaparecendo antes de 40 dias.

d) vermelho-escura. Depois, com o correr do tempo, ela se apresenta avermelhada, violácea, azulada, esverdeada e, finalmente, amarelada, desaparecendo, em média, entre 8 e 14 dias.

71. **(FUMARC – 2018 – PC/MG – ESCRIVÃO)** A midritização se refere:

a) à ação tegumentar de cáusticos, através de efeitos coagulantes ou liquefacientes, com intenção do agressor em enfear a vítima.

b) à exaltada sensibilidade de alguns indivíduos a pequenas doses de veneno.

c) à propriedade que tem determinada substância de causar internamente, por efeito químico, um dano midriático a um organismo vivo.

d) ao fenômeno caracterizado pela elevada resistência orgânica aos efeitos tóxicos dos venenos.

72. **(FUMARC – 2018 – PC/MG – ESCRIVÃO)** Em relação à máscara equimótica de Morestin, não é correto afirmar que:
a) aparece frequentemente na compressão torácica.
b) é conhecida por cianose cervicofacial de Le Dentut.
c) ocorre na asfixia por monóxido de carbono, a qual é tipicamente azulada.
d) pode ser encontrada na asfixia mecânica.

73. **(FUMARC – 2018 – PC/MG – ESCRIVÃO)** Uma criança de 4 anos começa a vomitar na frente de pais e tios, dentre outros familiares e amigos, vindo a falecer por um alimento "entalado na garganta". A conduta correta é:
a) Comunicar diretamente à funerária para tramitação da inumação, sem entraves, pois já há grande sofrimento social e familiar.
b) Deve ser registrado um Boletim de Ocorrência antes de ir ao Serviço de Verificação de Óbito, por se tratar de um incidente social e familiar.
c) Por se tratar de acidente doméstico comum, trata-se de morte sem necessidade de investigações formais, não devendo o corpo ir ao Serviço de Verificação de Óbito.
d) Providenciar encaminhamento junto às autoridades para o IML.

74. **(FUMARC – 2018 – PC/MG – ESCRIVÃO)** Uma mulher comete tentativa de autoextermínio por ingestão de pesticidas. Por isso, ficou internada durante um mês antes do óbito, o qual se deu no próprio hospital onde fora atendida desde o início. O óbito se deu por infecção generalizada, decorrente de complicações da internação prolongada. Nesse caso, o corpo:
a) deverá ser encaminhado ao Serviço de Verificação de Óbitos, pois a morte foi natural, ou seja, "infecção generalizada".
b) está sob a posse do Poder Público, o qual tem esse direito em qualquer tempo, devendo ser necropsiado por peritos oficiais ou "*ad hoc*".
c) pertence à família, a qual decidirá se irá inumar ou cremar.
d) se impõe à análise de autoridade do judiciário, para autorizar ou cancelar a necessidade de necrópsia tipo clínica.

75. **(AOCP – 2021 – PC/PA – PAPILOSCOPISTA)** Uma criança com 8 anos de idade, brincando na recepção das dependências de uma repartição pública, engasga-se com um pirulito, posiciona-se com as mãos entrelaçadas no pescoço e começa a passar mal sem conseguir respirar. Nesse momento, um voluntarioso policial com habilidades em primeiros socorros executa a manobra do desengasgo e a criança expele o corpo estranho. Sobre traumatologia forense, assinale a alternativa correta.
a) Esse é um caso típico de asfixia por sufocação direta.
b) Esse é um caso clássico de esgorjamento.
c) Trata-se de um caso de empalamento.

d) É um caso de estrangulamento.

e) Trata-se da síndrome da esganadura.

76. **(AOCP – 2021 – PC/PA – PAPILOSCOPISTA)** Criança com 13 anos, acompanhada pelo conselho tutelar, foi encaminhada ao serviço de referência em vítimas de violência sexual, pois há denúncia de que a menor estava sendo abusada sexualmente pelo padrasto há cerca de 02 anos. Considerando essa situação e a perícia dos crimes sexuais, assinale a alternativa correta.

a) Nesse caso, a ruptura himenal é o elemento essencial do diagnóstico da conjunção carnal.

b) Carúnculas himenais rotas confirmam o atentado violento ao pudor.

c) Aos 13 anos, as crianças apresentam hímen complacente, portanto não há possibilidade de avaliação pericial.

d) A presença de gravidez em nada contribui na avaliação do crime sexual.

e) Para a exclusão da conjunção carnal, o hímen deve permanecer imperfurado.

77. **(AOCP – 2021 – PC/PA – PAPILOSCOPISTA)** Um preso chega ao IML para exame cautelar de lesão corporal e apresenta equimose de coloração arroxeada em região do punho esquerdo, membro superior direito imobilizado por tala gessada devido à fratura óssea e inúmeras lesões de pequeno diâmetro, bordas crostosas e centro amarelado, envoltas por halo hiperemiado, típicas de queimaduras por choque elétrico, localizadas em região glútea bilateralmente. Em relação à resposta aos quesitos e com base no artigo 129 do Código Penal Brasileiro, como seria classificado esse caso?

a) As queimaduras caracterizam tortura, portanto tais lesões serão classificadas como lesões corporais do tipo gravíssimo.

b) A lesão de membro superior resultou em incapacidade para as ocupações habituais, por mais de trinta dias. Portanto trata-se de uma lesão corporal grave.

c) A equimose da região do punho esquerdo pode ser caracterizada como perigo de vida.

d) Está claro o meio insidioso ao observar a lesão do punho.

e) A fratura no membro superior determina que a lesão produziu perda dos movimentos do membro e é classificada como lesão corporal do tipo média.

78. **(AOCP – 2021 – PC/PA – PAPILOSCOPISTA)** Paciente de 80 anos vai a óbito em sua residência. Ao chegar ao local do fato, observa-se um cadáver com manchas violáceas em região dorsal e glúteos, além de opacidade da córnea. A rigidez cadavérica encontra-se fixa no pescoço e em membros inferiores, a coloração da pele é normal e o cadáver não apresenta nenhuma lesão traumática externa. Sobre a situação descrita, assinale a alternativa correta.

a) Mancha verde abdominal é o marco dessa fase da decomposição.

b) A rigidez muscular inicia-se pela musculatura da face por volta da 8ª hora.

c) Os livores e a rigidez cadavérica fixa indicam que a morte aconteceu há pelo menos 08 horas.

d) Manchas violáceas definem o início da adipocera cadavérica.

e) Só é possível estimar o tempo de morte com testes laboratoriais do humor vítreo.

79. (AOCP – 2021 – PC/PA – PAPILOSCOPISTA) Quanto à antropologia forense, assinale a alternativa correta.

a) Identidade é o conjunto de caracteres que individualiza uma pessoa, fazendo-a distinta das demais.
b) Identificação é o processo de reconhecimento do indivíduo por seu familiar.
c) Uma perícia de identificação sempre é realizada por perito papiloscopista.
d) Os fundamentos biológicos que qualificam um método de identificação a ser considerado aceitável são peso, altura e tatuagens de um cadáver.
e) A identificação policial é feita apenas por legistas e exige o conhecimento e as técnicas médico-legais.

80. (AOCP – 2021 – PC/PA – PAPILOSCOPISTA) Um dos principais objetivos do estudo da Tanatologia Forense é estabelecer o diagnóstico da causa jurídica da morte. Em relação ao tema, assinale a alternativa correta.

a) As lesões externas se mostram de interesse incontestável, por meio das chamadas lesões de ataque, geralmente encontradas na região frontal e nuca.
b) O mecanismo de morte já pode orientar para determinada causa jurídica, por exemplo a fulminação para o homicídio e a fulguração para o suicídio.
c) A busca da causa jurídica da morte consiste na determinação das hipóteses de homicídio, suicídio ou acidente.
d) Na determinação da causa jurídica da morte, fatores psicológicos não devem ser levados em consideração, pois trazem inconsistências ao elemento probatório.
e) O diagnóstico da causa jurídica da morte deve constar na declaração de óbito e o seu preenchimento é de responsabilidade da autoridade judiciária.

81. (VUNESP – 2018 – PC/SP – PAPILOSCOPISTA) Um eminente médico e professor de medicina legal de renomada universidade recebeu uma consulta sobre determinado assunto de sua especialidade. Portanto, ao responder por escrito, objetivando esclarecer dúvidas existentes em um relatório médico legal, ele emitirá um documento denominado:

a) parecer.
b) declaração.
c) atestado.
d) comunicação.
e) auto.

82. (VUNESP – 2018 – PC/SP – PAPILOSCOPISTA) Em um exame necroscópico, o médico legista observou na região posterior da perna direita uma lesão arroxeada, com presença de infiltração hemática nas malhas do tecido decorrente de ruptura de vaso sanguíneo. Dessa análise, é correto afirmar que se trata de:

a) equimose e a lesão é pós-mortal.
b) equimose e a lesão é vital.
c) livor (ou hipóstase) cadavérico móvel.
d) hematoma e a lesão é vital.
e) livor (ou hipóstase) cadavérico fixo.

83. **(VUNESP – 2018 – PC/SP – PAPILOSCOPISTA)** Como resultado do processo natural da putrefação do corpo após a morte, em determinada fase, ocorre uma dissolução dos tecidos, por ação conjunta de microrganismos e fauna cadavérica, a qual é composta de larvas e insetos. Esse fenômeno ocorre na fase:
    a) esqueletização.
    b) cromática.
    c) mumificação.
    d) coliquativa.
    e) enfisematosa.

84. **(VUNESP – 2018 – PC/SP – PAPILOSCOPISTA)** No exame antropológico forense de uma ossada humana completa, correspondente a um indivíduo adulto, com finalidade de definir altura e sexo, os ossos mais indicados para essa análise são, respectivamente:
    a) crânio e úmero.
    b) fêmur e clavícula.
    c) fêmur e pelve.
    d) clavícula e rádio.
    e) crânio e fíbula.

85. **(VUNESP – 2018 – PC/SP – PAPILOSCOPISTA)** No incêndio e desabamento de um prédio, algumas vítimas tiveram seus corpos fragmentados e carbonizados. Considerando-se os recursos utilizados pela odontologia legal para a identificação de indivíduos, é correto afirmar:
    a) Os exames imaginológicos dentais geralmente não auxiliam na identificação.
    b) São necessários pelo menos 12 pontos dentais de coincidência para a identificação.
    c) A identificação pela análise da arcada dental tem pouca contribuição diagnóstica.
    d) Se a vítima for criança, a análise dentária para estimativa da faixa etária tem pouco valor.
    e) Componentes dentais como esmalte, dentina e cemento podem resistir a altas temperaturas.

86. **(VUNESP – 2018 – PC/SP – PAPILOSCOPISTA)** As técnicas de identificação criminal usadas hoje pelas forças policiais americanas estão enraizadas na ciência da antropometria, que se concentra na medição e registro meticulosos de diferentes partes e componentes do corpo humano. Geralmente, a aplicação da lei no final do séc. XIX e início do séc. XX acreditava que cada indivíduo possuía uma combinação única de medidas de diferentes partes do corpo, e a comparação dessas medidas poderia ser usada para distinguir os indivíduos.

    (nleomf.org/museum/News/november-2011.Adaptado)

    O criminologista que primeiro desenvolveu esse sistema antropométrico foi:
    a) Cesare Lombroso.
    b) Alphonse Bertillon.
    c) Marcello Malpighi.

d) Juan Vucetich.
e) Enrico Ferri.

87. **(VUNESP – 2018 – PC/SP – PAPILOSCOPISTA)** Observe a figura.

Camada da Pele e Anexos

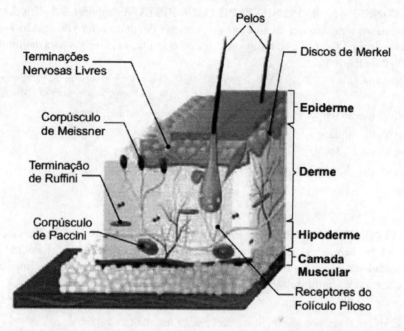

(https://planetabiologia.com/sistema-tegumentar-a-pele-humana/. Adaptado)

A disposição das cristas e sulcos papilares que compõem os desenhos papilares é formada em qual camada da pele?
a) Hipoderme.
b) Derme.
c) Corpúsculo de Meissner.
d) Camada Muscular.
e) Epiderme.

88. **(VUNESP – 2018 – PC/SP – PAPILOSCOPISTA)** Impressões digitais (cristas epidérmicas) têm sido usadas como um meio de identificação há mais de 2000 anos. Elas também foram extensivamente estudadas cientificamente por antropólogos e biólogos. No entanto, apesar de todo o conhecimento empírico e experimental, nenhuma explicação amplamente aceita para o desenvolvimento das cristas epidérmicas nos dedos, palmas das mãos e plantas dos pés ainda emergiu. [...].

(Kücken M, Newell AC. J Theor Biol. Fingerprintformation. 2005)

O momento em que se dá a completa formação das impressões digitais é:
a) em torno dos 6 meses de gestação.

b) nos 3 primeiros meses de vida após o nascimento.
c) por ocasião do trabalho de parto.
d) 3 semanas após o nascimento.
e) imediatamente após a fertilização.

89. **(VUNESP – 2018 – PC/SP – PAPILOSCOPISTA)** As impressões digitais das mãos humanas têm sido usadas como meio confiável de identificação pessoal há mais de um século. Durante esse tempo, não foram encontrados dois padrões de impressão digital idênticos.

(Swofford, Henry J. - Article The OntogenyoftheFrictionRidge: GeorgiaStateUniversity, Departmentof-Biology, JournalofForensicIdentification – 2008)

A afirmação refere-se a um dos postulados da papiloscopia. Trata-se de:
a) visibilidade.
b) infalibilidade.
c) previsibilidade.
d) variabilidade.
e) perenidade.

90. **(VUNESP – 2018 – PC/SP – PAPILOSCOPISTA)** O sistema datiloscópico [...] foi introduzido na medicina legal brasileira por volta de 1903, representando uma verdadeira mudança nos métodos de identificação, ante sua praticidade, simplicidade, eficiência e segurança nos resultados [...].

(https://fezanella.jusbrasil.com.br/. Adaptado)

O sistema mencionado no texto refere-se ao sistema criado por:
a) Ricardo Gumbleton Daunt.
b) Rodrigues Alves.
c) Marcello Malpighi.
d) Eduardo Ramos.
e) Juan Vucetich.

91. **(VUNESP – 2018 – PC/SP – PAPILOSCOPISTA)** Na fórmula E4343/I4242, o número 4 representa o tipo fundamental:
a) presilha interna.
b) arco plano.
c) presilha externa.
d) arco ganchoso.
e) verticilo.

92. **(VUNESP – 2018 – PC/BA – DELEGADO)** Jovem do sexo masculino é encontrado morto no seu quarto, aparentemente um caso de suicídio por enforcamento. Logo ao chegar no local da morte, a equipe pericial encontra a vítima na cama, com o objeto usado como elemento constritor removido.

    Nessa situação, o perito criminal deve:

    a) avaliar detalhadamente o local, buscar pistas de envolvimento de terceiros, não realizar o exame pericial do cadáver e registrar a alteração notada no laudo final.

    b) fazer o boletim de ocorrência com a alteração notada, isolar e preservar o local de morte, e solicitar o envio de equipe pericial do instituto médico-legal para realização de perícia conjunta.

    c) informar à autoridade policial sobre a alteração do local de morte, emitir o laudo de impedimento e determinar a remoção imediata do cadáver para o instituto médico-legal.

    d) realizar o exame externo do cadáver, de tudo que é encontrado em torno dele ou que possa ter relação com o fato em questão, e registrar no laudo a alteração notada no local de morte.

    e) realizar o registro fotográfico do local, investigar as circunstâncias da morte, não realizar o exame pericial do cadáver, coletar o provável instrumento utilizado e descrever no laudo a alteração do local de morte.

93. **(VUNESP – 2018 – PC/BA – DELEGADO)** Com relação aos ferimentos de entrada em lesões produzidas por projéteis de arma de fogo, é correto afirmar:

    a) a aréola equimótica é representada por uma zona superficial e relativamente difusa, decorrente da sufusão hemorrágica oriunda da ruptura de pequenos vasos localizados nas vizinhanças do ferimento, geralmente de tonalidade violácea.

    b) o formato de ferimentos em tiros a distância varia de acordo com a inclinação do disparo, assim, quando o tiro é oblíquo, a ferida é arredondada ou ligeiramente oblíqua, além de evidenciar uma orla de escoriação concêntrica.

    c) diz-se que uma lesão tem as características das produzidas por tiro a distância quando ela não apresenta os efeitos secundários do tiro, com diâmetro maior que o do projétil, aréola equimótica e bordas reviradas para dentro.

    d) ferimentos em tiros encostados podem ter forma arredondada ou elíptica, com zona de compressão de gases, evidenciada pela depressão da pele em virtude do efeito gerado pelo projétil com a ação mecânica de gases que descolam e dilaceram os tecidos.

    e) tiros a curta distância causam ferimentos arredondados, com entalhes, zona de tatuagem e de esfumaçamento, devido à ação resultante dos gases que descolam e dilaceram os tecidos, com vertentes enegrecidas e desgarradas, tendo aspecto de cratera de mina.

Texto para as próximas 4 questões:

Texto 1A9AAA

Em determinada cidade interiorana, por volta das dezesseis horas de um dia ensolarado, o corpo de uma mulher jovem foi encontrado por populares, em área descoberta de um terreno baldio. O delegado de plantão foi comunicado do fato e, ao dirigir-se ao local, a autoridade policial verificou que o corpo se encontrava em decúbito dorsal e despido. A perícia de local, tendo realizado exame perinecroscópico, verificou que o corpo apresentava temperatura de 27 ºC, além de rigidez completa de tronco e membros. Constataram-se escoriações na face, fraturas dos elementos dentários anteriores, manchas roxas na região cervical anterior e duas lesões profundas na região torácica anterior, abaixo da mama esquerda, medindo a maior delas 4 cm × 1 cm. Havia tênue mancha de tonalidade avermelhada na face posterior do corpo, que só não se evidenciava nas partes que estavam em contato com o solo. Nas adjacências das lesões torácicas e no solo próximo ao corpo, havia pequena quantidade de sangue coagulado. No mesmo terreno onde estava o corpo, foi encontrada uma faca de gume liso único. A lâmina, que estava suja de sangue, tinha formato triangular e media 20 cm de comprimento e 4 cm de largura em sua base. Exames laboratoriais realizados posteriormente atestaram que o sangue presente na faca pertencia à vítima. Após a lavagem do corpo, foi possível detectar lesões torácicas, de acordo com as imagens mostradas na figura a seguir.

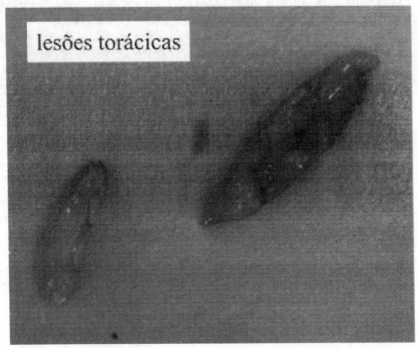

Internet: <www.malthus.com.br>.

94. **(CESPE/CEBRASPE – 2018 – PC/MA – DELEGADO)** Considerando a situação hipotética apresentada no texto 1A9AAA e a figura que a ele se segue, assinale a opção correta.

a) Se não houvesse um perito médico-legista oficial na localidade, mas houvesse um médico e um dentista lotados no posto de saúde local, o delegado de polícia poderia nomeá-los para que eles realizassem o exame de corpo de delito.

b) O exame de corpo de delito deverá ser iniciado somente no período diurno.

c) Será necessário aguardar ao menos seis horas após a localização do cadáver para se proceder à autópsia.

d) O exame interno do cadáver poderá ser dispensado, uma vez que as lesões externas são suficientes para se estabelecer com precisão a causa da morte.

e) Após realizar o exame cadavérico, o perito médico-legista deverá redigir o parecer médico-legal, no qual deverá descrever minuciosamente o que observou e responder aos quesitos formulados.

95. **(CESPE/CEBRASPE – 2018 – PC/MA – DELEGADO)** Em relação aos fenômenos cadavéricos mencionados no texto 1A9AAA, assinale a opção correta.

a) As manchas avermelhadas identificadas na face posterior do cadáver correspondem ao fenômeno da algidez cadavérica.

b) O aspecto tênue das manchas avermelhadas identificadas na face posterior do cadáver indica que a morte decorreu de asfixia.

c) A discreta presença de sangue adjacente às lesões torácicas caracteriza, unicamente, a ocorrência de lesões post mortem.

d) A rigidez cadavérica que se instalou nas primeiras horas após a morte tende a se intensificar na medida em que ocorrerem os fenômenos da putrefação.

e) A exposição do corpo ao tempo aberto e ao calor do ambiente podem ter contribuído para acelerar o processo de rigidez cadavérica.

96. **(CESPE/CEBRASPE – 2018 – PC/MA – DELEGADO)** O exame necroscópico do cadáver referido no texto 1A9AAA evidenciou equimoses violáceas e escoriações na vulva, hímen roto, dilatação do ânus, sem escoriações ou fissuras, e o exame citológico da secreção vaginal detectou espermatozoides e PSA.

A propósito dessas considerações adicionais, assinale a opção correta.

a) A presença do PSA na secreção vaginal é considerada um vestígio de ocorrência de conjunção carnal.

b) A dilatação anal identificada é prova inquestionável de coito anal traumático.

c) A presença de equimoses e escoriações na região vulvar atesta a ocorrência de conjunção carnal praticada pelo agressor.

d) No exame genital, a identificação de hímen roto atesta a ocorrência de conjunção carnal praticada pelo agressor.

e) A identificação de espermatozoides na secreção vaginal comprova a ocorrência de estupro seguido de morte.

97. **(CESPE/CEBRASPE – 2018 – PC/MA – DELEGADO)** A perícia dactiloscópica realizada no cadáver referido no texto 1A9AAA identificou a impressão digital de um único dedo na faca encontrada no local do crime. A comparação dessa impressão digital com os dados do arquivo criminal revelou que ela coincidia com a do dedo indicador da mão direita de um homem foragido da justiça que havia sido condenado pelo estupro seguido de morte de outras mulheres.

    Com referência a essas considerações adicionais, assinale a opção correta.

    a) A análise do perfil genético de espermatozoides detectados na secreção vaginal da vítima seria opção mais confiável que a impressão digital para identificar o criminoso.

    b) No caso considerado, a impressão digital de uma única polpa digital poderá ser considerada suficiente para estabelecer a autoria do crime.

    c) Se o referido homem tiver um irmão gêmeo univitelínico, as impressões digitais serão insuficientes para diferenciá-los.

    d) A impressão digital encontrada na faca deverá ser comparada com registros recentes do homem em questão, uma vez que as linhas dactiloscópicas variam com o tempo.

    e) O fato de ser comum encontrar indivíduos diferentes que possuam impressões digitais idênticas justifica a impossibilidade de se estabelecer com segurança a autoria no caso em apreço.

98. **(CESPE/CEBRASPE – 2018 – PC/MA – DELEGADO)** Revisando o prontuário de um suspeito no sistema prisional, a autoridade policial deparou-se com um laudo psiquiátrico que apontava a seguinte conclusão: "CID10: F60.2 – Transtorno de personalidade dissocial (psicopática ou sociopática): possui ciência do caráter ilícito dos atos praticados e sérias dificuldades no controle de seu impulso sexual exacerbado, que só consegue satisfazer com a subjugação da vítima mediante a imposição de comportamento violento".

    Acerca dessa situação, assinale a opção que apresenta, respectivamente, as características do suspeito com referência a: entendimento; controle dos impulsos; imputabilidade.

    a) limitado; preservado; semi-imputável.

    b) preservado; adequado; plenamente imputável.

    c) preservado; limitado; semi-imputável.

    d) preservado; limitado; inimputável.

    e) limitado; limitado; inimputável.

99. **(FUMARC – 2018 – PC/MG – DELEGADO)** Custodiado pela Polícia, um suposto infrator queixa que se sente mal na viatura policial ao ser transferido do local do fato para a delegacia responsável. Ele relata ser "cardíaco" e que usa medicação para evitar infarto do miocárdio. Em seguida, fica em silêncio e imóvel. Os responsáveis constatam a realidade do óbito. A conduta correta é:

    a) Entrar em contato com alguma autoridade do Ministério Público ou do judiciário para tomada de decisão do caso.

    b) Por não haver violência, procurar os meios para encaminhamento ao serviço de verificação de óbito.

c) Procurar os meios e as formalidades para o encaminhamento ao IML.

d) Trata-se de morte natural; dar seguimento aos procedimentos para encaminhamento à funerária.

100. **(FUMARC – 2018 – PC/MG – DELEGADO)** Em relação à exumação, é correto afirmar:

a) Em determinados casos, o exame histopatológico pode ser realizado.

b) O exame interno deve ser direcionado à região determinada e/ou suspeita do cadáver.

c) O médico-legista se incumbirá de providenciar para que se realize a diligência, mediante autorização expressa da família.

d) Os fenômenos putrefativos prejudicam as características das vestes, não devendo ser consideradas, a fim de se evitarem erros periciais grosseiros.

101. **(FUMARC – 2018 – PC/MG – DELEGADO)** No que tange à perícia oficial e em acordo com o CPP, é correto afirmar:

a) É facultada ao acusado a indicação de assistente técnico, após admissão pela autoridade policial.

b) Entende-se por perícia complexa aquela que abrange mais de uma área de conhecimento especializado.

c) Faculta-se ao Ministério Público e ao assistente técnico do querelante a formulação de quesitos a qualquer tempo do inquérito policial.

d) Na falta de perito oficial, qualquer contribuinte poderá exercer o mister, desde que não inadimplente com impostos públicos, e que seja admitido pelo delegado de polícia presidente do inquérito.

102. **(FUMARC – 2018 – PC/MG – DELEGADO)** Em relação aos dispositivos legais sobre a remoção de órgãos, tecidos e partes do corpo humano para fins de transplante e tratamento, é correto afirmar:

a) A retirada *post mortem* de tecidos, órgãos ou partes do corpo humano destinados a transplante ou tratamento deverá ser precedida de diagnóstico de morte encefálica, constatada e registrada por dois médicos não participantes das equipes de remoção e transplante.

b) A retirada de tecidos, órgãos e partes do corpo de pessoas falecidas para transplantes ou outra finalidade terapêutica não dependerá apenas da autorização do cônjuge ou parente, estando também vinculada aos sistemas de saúde pública e ao delegado de polícia.

c) No caso de morte sem assistência médica, de óbito em decorrência de causa mal definida ou de outras situações nas quais houver indicação de verificação da causa médica da morte, a remoção de tecidos, órgãos ou partes de cadáver para fins de transplante ou terapêutica somente poderá ser realizada após a autorização do delegado de polícia ou do Ministério Público.

d) O cadáver de pessoa não identificada não pode se prestar a qualquer doação para transplantes, exceto se autorizado pelo delegado de polícia, promotor ou juiz.

103. **(FUMARC – 2018 – PC/MG – DELEGADO)** De acordo com o Artigo 129 do Código Penal Brasileiro, trata-se de lesão corporal de natureza gravíssima:
    a) Aceleração de parto.
    b) Debilidade permanente de membro, sentido ou função.
    c) Deformidade permanente.
    d) Perigo de vida.

104. **(FUMARC – 2018 – PC/MG – DELEGADO)** Não está correto o que se afirma em:
    a) Heroína é um produto sintético (éter diacético da morfina - diacetilmorfina). Tem a forma de pó branco e cristalino.
    b) LSD 25 é droga eminentemente alucinógena, extraída da ergotina do centeio (dietilamina do ácido lisérgico).
    c) Morfinomania ou morfinofilia é o uso vicioso de morfina, sendo a morfina um alcaloide derivado do ópio.
    d) O corpo do indivíduo que morre de overdose de cocaína ou do crack se apresenta tipicamente róseo-avermelhado ou carmim.

105. **(FUMARC – 2018 – PC/MG – DELEGADO)** Não está correto o que se afirma em:
    a) A merla apresenta consistência pastosa, tonalidade que varia do amarelo ao marrom e seu uso é através de cigarros ou cachimbos.
    b) Anfetaminas são usadas para evitar a sonolência, para desinibir e para euforizar.
    c) Merla é obtida a partir da pasta de coca.
    d) Oxi é droga sintética, consumida em cápsulas, de custo elevado e causa pouca agressão ao sistema nervoso central.

106. **(FUMARC – 2018 – PC/MG – DELEGADO)** Um indivíduo foi vítima da explosão de uma bomba ao implantá-la num caixa eletrônico, tendo evoluído para óbito imediatamente. Qual das feridas tem mais probabilidade de tê-lo acometido?
    a) Contusodilacerantes.
    b) Cortocontusas.
    c) Cortodilacerantes.
    d) Dilacerantes.

107. **(FUMARC – 2018 – PC/MG – DELEGADO)** São causas médicas de óbito não jurídicas:
    a) Acidentais.
    b) Homicidas.
    c) Oncológicas.
    d) Suicidas.

108. **(NUCEPE – 2018 – PC/PI – DELEGADO)** Em relação à identificação policial ou judiciária podem ser destacados vários métodos de identificação, entre eles, o sistema dactiloscópico de Vucetich, que se baseia na disposição das cristas papilares que se encontram na polpa dos dedos. A presença de um, ou dois, ou nenhum delta numa impressão digital estabelece os quatro tipos fundamentais do Sistema dactiloscópico de Vucetich, assim qual a alternativa correta em relação a esse sistema?
   a) Presilha externa: presença de um delta à direita do observador e de núcleo voltado à esquerda.
   b) Verticilo: presença de dois deltas e um núcleo central.
   c) Presilha interna: presença de um delta à esquerda do observador e de núcleo voltado em sentido contrário ao delta.
   d) Arco: presença de dois deltas e um núcleo central.
   e) Presilha externa: ausência de deltas e apenas com sistema de linhas basilares e marginais. Não tem núcleo.

109. **(NUCEPE – 2018 – PC/PI – DELEGADO)** O estudo da morte na medicina legal é realizado pela Tanatologia forense; Dentro do estudo dos fenômenos cadavéricos, é correto afirmar que:
   a) Ocorre autólise quando há a destruição progressiva dos tecidos sob a ação dos germes.
   b) A saponificação ocorre naturalmente, quando o corpo é submetido a uma forte dessecação.
   c) A maceração é o fenômeno destrutivo concomitante à putrefação, resultante da umidade ou excesso de água sobre o cadáver.
   d) Ocorre a mumificação na transformação do cadáver, após um estado avançado de putrefação, em uma substância especial denominada adipocera.
   e) Ocorre a putrefação quando há a desintegração tissular acompanhada pela ação dos fermentos de acidificação, desorganizando as diversas estruturas.

110. **(NUCEPE – 2018 – PC/PI – DELEGADO)** A balística "é a ciência que estuda o movimento dos projéteis, particularmente os disparos por armas leves e canhões". Em relação à balística forense, marque a alternativa incorreta:
   a) As armas portáteis também conhecidas por individuais, são aquelas que podem ser transportadas e acionadas por uma só pessoa.
   b) Em relação às armas automáticas, tanto o funcionamento como o disparo são automáticos.
   c) A percussão é o choque de dois corpos; no cão o percursor atinge a espoleta para transmitir fogo à pólvora.
   d) Projétil é a parte da munição destinada a atingir o alvo.
   e) Quanto ao municiamento, da arma de retrocarga a munição é colocada pela parte anterior do cano.

111. (NUCEPE – 2018 – PC/PI – DELEGADO) Em relação aos mecanismos de ação, é incorreto afirmar que:

a) Os agentes perfurocontundentes onde a lesão acontece mais pelo peso e força com que eles são usados do que pelo deslizamento do gume.

b) Os agentes perfurantes atuam por pressão em um ponto de contato, rompendo as fibras e causando danos internos bem maiores do que o pequeno orifício de entrada.

c) Os agentes cortantes atuam em contato com o corpo, que se dá por uma linha do gume, cortam por deslizamento e pressão, geralmente sem maior profundidade.

d) Os agentes contundentes atuam por choque, pressão ou deslizamento no contato com a superfície plana, como regra.

e) Os agentes perfurocortantes onde além da perfuração, por pressão, ocorre ação lateral, resultando corte.

112. (FUNDATEC – 2018 – PC/RS – DELEGADO) Sobre os conceitos médico-legais de "embriaguez alcoólica", de "alcoolemia" e de "tolerância ao álcool", é correto afirmar que:

a) A alcoolemia e a embriaguez alcoólica têm igual definição, sendo, portanto, sinônimos.

b) Sempre que existir álcool etílico no sangue, o exame de embriaguez será positivo.

c) A embriaguez alcoólica é uma situação transitória.

d) Sempre que a alcoolemia detectar álcool etílico no sangue o exame para verificação de embriaguez alcoólica será positivo.

e) Uma mesma quantidade de álcool etílico administrada a indivíduos diferentes irá produzir os mesmos resultados, no mesmo período de tempo, em todas as ocasiões.

113. (FUNDATEC – 2018 – PC/RS – DELEGADO) Em relação à "estimativa do tempo de morte", também conhecida como cronotanatognose, analise as afirmações abaixo, assinalando V, se verdadeiras, ou F, se falsas.

( ) Existem vários parâmetros (fenômenos cadavéricos) utilizados para a estimativa do tempo de morte.

( ) A estimativa do tempo de morte, considerando os avanços da Medicina-Legal, é bastante precisa, não apresentando margem de erro (para mais ou para menos) maior do que uma hora.

( ) A estimativa do tempo de morte depende, além de outros fatores, de fatores externos ao cadáver.

( ) A estimativa do tempo de morte, apesar dos avanços da Medicina-Legal, não é precisa.

A ordem correta de preenchimento dos parênteses, de cima para baixo, é:

a) V – F – V – V.
b) V – V – V – F.
c) V – V – F – F.
d) F – F – F – V.
e) F – V – F – V.

114. **(FUNDATEC – 2018 – PC/RS – DELEGADO)** De acordo com a resolução do Conselho Federal de Medicina nº 1.779/2005, que trata da responsabilidade médica no fornecimento da Declaração de Óbito, é incorreto afirmar que:

a) É vedado ao Médico deixar de atestar óbito de paciente ao qual vinha prestando assistência, exceto quando houver indícios de morte violenta.

b) Em caso de morte natural, sem assistência médica, em local que disponha de serviço de verificação de óbito, a declaração de óbito deverá ser fornecida pelos médicos do serviço de verificação de óbito.

c) Em caso de morte natural, sem assistência médica, em local sem serviço de verificação de óbito, a declaração de óbito deverá ser fornecida pelos médicos do Instituto Médico-Legal.

d) Em caso de morte violenta, a declaração de óbito deverá ser fornecida, obrigatoriamente, pelos serviços médico-legais.

e) Em caso de morte natural, sem assistência médica, em local sem serviço de verificação de óbito, a declaração de óbito deverá ser fornecida pelos médicos do serviço público de saúde mais próximo do local onde ocorreu o evento; na sua ausência, por qualquer médico da localidade.

115. **(FUNDATEC – 2018 – PC/RS – DELEGADO)** Em relação às asfixias por constrição cervical, analise as afirmações abaixo, assinalando V, se verdadeiras, ou F, se falsas.

(   ) O enforcamento, de acordo com sua definição médico-legal, quando diagnosticado indica a ocorrência de suicídio.

(   ) O enforcamento, de acordo com sua definição médico-legal, necessita que o peso do corpo da vítima acione o laço. Desta forma, os casos descritos como enforcamento, mas nos quais a vítima não estava completamente suspensa (pés não tocando o solo) devem ser classificados como "montagem" (tentativa de ocultação de homicídio).

(   ) O enforcamento, de acordo com sua definição médico-legal, não necessita do peso do corpo da vítima para ocorrer.

(   ) A esganadura pode ser consequência de suicídio ou de homicídio.

A ordem correta de preenchimento dos parênteses, de cima para baixo, é:

a) V – V – F – F.
b) V – F – V – V.
c) F – V – F – F.
d) F – F – V – V.
e) F – F – F – F.

116. **(CESPE/CEBRASPE – 2022 – PC/PB – DELEGADO)** Flictenas rompidos, córion a descoberto, apergaminhado, liso e brilhante, constatados em vítimas de acidentes com álcool 93 GL, são características externas de queimaduras

a) de primeiro grau.
b) comuns em corpos com vida e em cadáveres.
c) de segundo grau.
d) comuns em corpos ainda com vida.
e) típicas de cadáveres.

117. **(CESPE/CEBRASPE – 2022 – PC/PB – DELEGADO)** A perturbação causada no corpo de vítimas que sofreram descargas elétricas cósmicas ou raios, sem ocorrência de êxito letal, é denominada:
   a) fulguração.
   b) inanição.
   c) eletroplessão.
   d) insolação.
   e) intermação.

118. **(CESPE/CEBRASPE – 2022 – PC/PB – DELEGADO)** Um cadáver, encontrado em uma pequena cabana de uma praia pouco movimentada, ao ser analisado pelo legista, apresentava os seguintes sinais: rigidez cadavérica precoce e bem acentuada; manchas hipostáticas de cor lívida, distribuindo-se pelo tórax, costas e braços; e espuma abundante na boca. A temperatura do corpo era de 25 °C. Ele constatou, ainda, que o encéfalo apresentava hiperemia e congestão das meninges; coração com consistência muito aumentada; pulmões com equimoses subpleurais e edema interno; notou, em outras vísceras, a presença de hipertermia interna e de grande quantidade de sangue no sistema venoso. O perito criminal, ao examinar o local, verificou condições do tempo e certificou-se de não ter havido testemunhas. Deteve-se, então, na busca da causa das lesões observadas.

   Nessa situação hipotética, não tendo encontrado causa diversa de morte, o perito diagnosticará que as lesões estão mais relacionadas a óbito decorrente de:
   a) eletroplessão.
   b) insolação.
   c) intermação.
   d) inanição.
   e) fulguração.

119. **(CESPE/CEBRASPE – 2022 – PC/PB – DELEGADO)** O corpo de um personal trainner que praticava habitualmente exercícios extenuantes matinais na praia foi encontrado caído sobre a areia sem sinais externos de violência. Após análises periciais e do legista, constatou-se que a morte desse indivíduo ocorreu em consequência de choque cardiogênico (tamponamento cardíaco), o qual decorre da ação de energias de ordem:
   a) física.
   b) mista.
   c) bioquímica.
   d) físico-química.
   e) biodinâmica.

120. **(CESPE/CEBRASPE – 2022 – PC/PB – DELEGADO)** Após receberem chamada para a realização de perícia em uma casa onde um rapaz encontrou o corpo do pai morto, os peritos criminais, tendo chegado ao local, verificaram que o corpo tinha sido retirado da posição original. Mesmo assim, puderam constatar: sinal de Ponsold; presença de espuma na boca; projeção da língua para o exterior; livores cadavéricos abaixo da cicatriz umbilical e na face anterior dos membros inferiores; fenômenos putrefativos secos na parte superior do cadáver e úmidos na parte inferior, além de rigidez cadavérica em curso.

Diante dessa situação hipotética, é correto afirmar que as características externas verificadas no corpo são mais compatíveis com:

a) afogamento.
b) esganadura.
c) enforcamento.
d) estrangulamento.
e) sufocamento.

121. **(CESPE/CEBRASPE – 2022 – PC/PB – DELEGADO)** Durante uma necropsia, perito médico-legista verificou a presença de lesão denominada "manchas de Paltauf" no corpo de um periciando. Essa alteração é encontrada de forma mais característica no exame interno de morte ocasionada por:

a) estrangulamento por mão.
b) enforcamento.
c) esganadura.
d) afogamento.
e) estrangulamento por laço.

122. **(CESPE/CEBRASPE – 2022 – PC/PB – DELEGADO)** Assinale a opção em que os dois tipos de fenômenos transformativos verificados nos cadáveres em estado de decomposição estão correta e respectivamente exemplificados.

a) conservadores: autólise, putrefação e maceração; destrutivos: mumificação e saponificação.
b) conservadores: mumificação e saponificação; destrutivos: autólise, putrefação e maceração.
c) conservadores: mumificação e maceração; destrutivos: saponificação e autólise.
d) conservadores: putrefação e maceração; destrutivos: autólise e maceração.
e) conservadores: autólise, mumificação e saponificação; destrutivos: putrefação e maceração.

123. **(CESPE/CEBRASPE – 2022 – PC/PB – DELEGADO)** À luz do conceito adotado pela Organização Mundial da Saúde (OMS), abortamento consiste na:

a) interrupção da gestação com menos de 21 semanas ou com produto da concepção (embrião ou feto) pesando menos de 500 g.
b) interrupção da gestação com menos de 20 semanas ou com produto da concepção (embrião ou feto) pesando menos de 500 g.

c) interrupção da gestação com menos de 21 semanas ou com produto da concepção (embrião ou feto) pesando menos de 600 g.

d) interrupção da gestação com menos de 23 semanas ou com produto da concepção (embrião ou feto) pesando menos de 600 g.

e) interrupção da gestação com menos de 22 semanas ou com produto da concepção (embrião ou feto) pesando menos de 500 g.

124. **(CESPE/CEBRASPE – 2022 – PC/PB – DELEGADO)** Maria compareceu à delegacia para registrar ocorrência de que a esposa do seu irmão vinha ameaçando matar o próprio filho, que nasceu havia três dias. Disse que sua cunhada vinha enfrentando dificuldades para dormir e para amamentar a criança. Acrescentou que a cunhada apresentava agitação e raiva, que estava sempre confusa na hora de conversar e que manifestava delírios e alucinações. Considerando-se essa situação hipotética, é correto afirmar que a provável patologia mental apresentada pela cunhada de Maria, que pode levar ao infanticídio, é a(o):

a) *blues* puerperal.

b) depressão pós-parto.

c) transtorno da ansiedade.

d) transtorno do pânico.

e) psicose puerperal.

125. **(IBADE – 2017 – PC/AC – DELEGADO)** Diante de notícia sobre a ocorrência de crime de homicídio, policiais civis foram ao local para investigar o fato. Ao chegarem, foi possível observar que a vítima estava com o corpo totalmente em contato com o solo, em decúbito ventral, com as mãos amarradas para trás. Na região do pescoço, foi possível observar que havia um fio que circulava a região por três vezes. A perícia no material revelou que nas duas pontas do fio havia um pedaço de madeira amarrado, o que possibilitava o tracionamento para lados opostos. O sulco provocado pelo fio era contínuo, com profundidade uniforme e em sentido horizontal, tendo lesionado a região inferior ao osso hioide. Diante das informações apresentadas, pode-se afirmar que houve:

a) soterramento.

b) enforcamento.

c) esganadura.

d) estrangulamento.

e) afogamento.

126. **(IBADE – 2017 – PC/AC – DELEGADO)** A perícia médico-legal em um cadáver indica uma lesão na cabeça, com característica estrelada na pele, forte impregnação de fumaça e detritos granulares provenientes da incombustão da pólvora no conduto produzido através da massa encefálica. Nesta, foi encontrado um objeto metálico, totalmente feito de chumbo, em forma ogival, e na lateral deste objeto foi identificada a presença de estriações. Com base nesses dados, pode-se dizer:

a) Tal lesão é conhecida como sinal do rasgão crucial de Nerio Rojas.

b) Apontam-se características de lesão provocada por projétil de arma de fogo de alta energia, cujo disparo foi feito a longa distância.

c) O disparo foi efetuado a curta distância, o que impossibilita a formação do cone de dispersão.

d) Tal lesão é cortocontusa.

e) O cadáver possui lesão provocada por projétil de arma de fogo comum, tendo havido disparo com o cano da arma encostado na cabeça.

127. **(IBADE – 2017 – PC/AC – DELEGADO)** Uma pessoa vai até a Delegacia de Polícia relatar que um indivíduo do sexo masculino reiteradamente é visto à noite, num cemitério, praticando atos sexuais com cadáveres femininos retirados dos túmulos. Com base nas informações acima, pode-se afirmar que se está diante de um caso de:
a) necrofilia.
b) anafrodisia.
c) autoerotismo.
d) sadismo.
e) frigidez.

128. **(IBADE – 2017 – PC/AC – DELEGADO)** Durante investigação que durou um mês, policiais civis descobriram um extenso esquema que envolvia diversos médicos da cidade. Tais médicos mantinham clínicas clandestinas com precárias condições de higiene, em que praticavam aborto. Algumas mulheres acabaram morrendo em decorrência desta prática ilegal. No curso da investigação, o Delegado de Polícia fez diversas requisições de exames para o perito legista, com a finalidade de buscar elementos de informação para o inquérito policial. Com base nas informações apresentadas, assinale a alternativa correta.
a) É inviável a realização de exames complementares para a pesquisa de substâncias abortivas, se o perito não estiver de posse do nome do produto a ser pesquisado.
b) O exame para diagnóstico do aborto recente em mulher morta tem como objetivo, dentre outros, a análise de aspectos internos e externos do cadáver.
c) O perito legista irá responder aos quesitos do exame mediante a apresentação do atestado, que deverá ser entregue no prazo de quinze dias.
d) É inviável a realização de exame de DNA para confronto entre restos fetais e um cadáver do sexo feminino.
e) É inviável a realização de exame cadavérico na mulher morta para a pesquisa de materiais ou lesões.

129. **(IBADE – 2017 – PC/AC – DELEGADO)** O exame médico-legal em um cadáver constatou a presença de um feto ainda no interior do útero, em meio líquido, com destacamento de amplas partes do tecido cutâneo, flictenas na epiderme, bem como cavalgamento dos ossos cranianos. Diante dessas informações, pode-se afirmar que o feto sofreu:
a) maceração.
b) saponificação.
c) eletroplessão.
d) mumificação.
e) carbonização.

130. **(FAPEMS – 2017 – PC/MS – DELEGADO)** A Cronotanatognose é a parte da Tanatologia que estuda a data aproximada da morte. Para tanto, analisa-se a sequência dos fenômenos cadavéricos que podem sofrer alteração de acordo com a *causa mortis* e demais fatores externos presentes no meio ambiente em que o cadáver foi encontrado. Assim, no que diz respeito aos fenômenos relevantes à Cronotanatognose, é correto afirmar que:

a) para a determinação da morte a partir da análise da perda de peso, faz-se necessário saber, com a maior precisão possível, o peso do corpo no momento do óbito, o que inviabiliza a utilização de tal parâmetro na maioria dos casos para estimativa do tempo de morte.

b) a mancha verde abdominal não se altera de acordo com a temperatura do meio ambiente.

c) o resfriamento do corpo é elemento sempre preciso para estipular a data da morte.

d) a circulação póstuma de Brouardel costuma anteceder a mancha verde abdominal.

e) a rigidez cadavérica desaparece progressivamente e em sentido contrário de seu aparecimento.

131. **(FAPEMS – 2017 – PC/MS – DELEGADO)** Leia o seguinte excerto.

A traumatologia forense estuda aspectos médico jurídicos das lesões, dentre as quais a lesão ou espectro equimótico. Segundo CROCE (2012), "a equimose é definida como a infiltração e coagulação do sangue extravasado nas malhas dos tecidos, sem efração deles. O sangue hemorrágico infiltra-se nos interstícios íntegros, sem alinhamento, originando a equimose".

CROCE, Delton; CROCE JR. Manual de medicina Legal. São Paulo: Saraiva, 2012, p. 306.

A respeito dessas lesões, assinale a alternativa correta.

a) As formas de equimose são variadas, por isso as chamadas víbices são aquelas ocorrentes em ampla área de efusão sanguínea.

b) Sugilação é o termo que define um aglomerado de petéquias.

c) O estudo das equimoses não é considerado para análise das contusões.

d) Em medicina legal, pode-se afirmar que hematoma é sinônimo de equimose.

e) Com base no espectro equimótico de Legrand du Saulle, uma lesão ocorrida há 8 dias apresenta coloração vermelha.

132. **(FGV – 2022 – PC/AM – DELEGADO)** Sobre as condições necessárias para que um método seja considerado aceitável no processo de identificação, assinale a afirmativa correta.

a) Perenidade - caracteres adquiridos no intervalo perimortem.

b) Unicidade - existência de um único caráter individualizante, utilizado na identificação.

c) Imutabilidade - características genéticas observadas em outros parentes, sem que tenha havido mutações.

d) Praticabilidade - necessidade de o processo de identificação não ser complexo na obtenção e no registro dos caracteres.

e) Classificabilidade - possibilidade de classificar as pessoas de acordo com seu perfil biológico (sexo, idade e cor da pele).

133. (FGV – 2022 – PC/AM – DELEGADO) Dentre os limitadores e modificadores da imputabilidade penal, muitos interferem na imputabilidade e outros estão relacionados às alterações neurológicas e/ou às psiquiátricas. Sobre imputabilidade e testemunho, assinale a afirmativa correta.

a) A surdo-mudez desqualifica o testemunho por ser consequente a atraso de desenvolvimento que impede a comunicação, levando também a imputabilidade por equiparação.

b) Os indivíduos epiléticos são considerados inimputáveis em qualquer crime.

c) O agente que comprove ser dependente químico de drogas ilícitas, independentemente de seu estado à época da ação ou omissão, é isento de pena.

d) Os sociopatas ou portadores de personalidades anormais são inimputáveis por terem inteligência abaixo do valor habitual.

e) A emoção, descrita como estado agudo de excitação psíquica, apesar de não ser excludente de pena, é circunstância atenuante caso o agente cometa crime sob influência de violenta emoção.

134. (FGV – 2022 – PC/AM – DELEGADO) O conhecimento das características das feridas é fundamental para que a Autoridade Policial compreenda a dinâmica dos eventos criminosos que causam lesões corporais.

Assinale a opção que relaciona corretamente o tipo de ferida elencada às suas características.

a) Ferida contusa: apresenta bordas regulares e fundo com traves de tecido íntegro.

b) Ferida cortocontusa: é produzida por objetos que têm massa e gume e tem bordas regulares.

c) Ferida perfurocontusa: é causada exclusivamente por projéteis de arma de fogo.

d) Ferida perfurocortante: apresenta grande profundidade sem sangramento, pois é causada pelo afastamento dos tecidos.

e) Ferida cortante: tem profundidade maior do que a extensão, independente de ter um ou mais gumes.

135. (FGV – 2022 – PC/AM – DELEGADO) Sobre os fenômenos cadavéricos, que são estudados na tanatologia, e a ordem de seu aparecimento, que corresponde à cronotanatognose, assinale a opção correta.

a) A marcha da rigidez cadavérica começa no miocárdio e diafragma, depois passa para a face e a seguir para a região cervical, seguindo para os membros superiores e, por último, para os membros inferiores.

b) A rigidez se desfaz dos membros inferiores para os membros superiores.

c) A rigidez começa nos membros inferiores e termina nos membros superiores.

d) A circulação póstuma de Brouardel se torna visível após a fase bolhosa da putrefação.

e) Na fase coliquativa é possível observar fácies hipocrática.

136. **(FGV – 2022 – PC/AM – DELEGADO)** O estudo do hímen ainda é muito valorizado na sexologia forense, uma vez que sua lesão pode ser o principal indício de crime contra a dignidade sexual.
Em relação à himenologia, assinale a afirmativa correta.

a) As lesões himenais, ao cicatrizarem, formam entalhes.
b) As carúnculas mirtiformes são retalhos de hímen que formam tubérculos.
c) Os entalhes são lesões presentes em hímens complacentes.
d) As bordas dos entalhes são regulares, quando examinadas após um crime sexual.
e) A caracterização da lesão himenal é necessária para se considerar positivo um crime de estupro.

137. **(CESPE/CEBRASPE – 2022 – PC/RJ – DELEGADO)** No dia 2/1/2022, Juliana compareceu à delegacia de polícia em Paraty – RJ para registrar ocorrência de desaparecimento dos seus pais, Sebastião e Maria Eugênia, por eles terem extrapolado o horário previsto para retorno de um passeio que faziam sozinhos naquele mesmo dia, numa luxuosa embarcação com piscina de água potável. Poucas horas depois do registro, policiais civis daquela unidade receberam a notícia do encontro de um cadáver do sexo feminino às margens de uma das praias da cidade. Feita a perinecroscopia, o perito criminal relatou equimose periorbital, pele anserina, cogumelo de espuma na boca e narinas, assim como a presença de estigmas ungueais nos antebraços. No dia seguinte ao relato do desaparecimento, os policiais civis souberam que pescadores haviam encontrado um cadáver do sexo masculino em alto-mar. Comparecendo ao local, o perito criminal relatou que o cadáver estava em decúbito ventral, com ausência do cogumelo de espuma, sem sinais aparentes de violência e sem sinais de putrefação. Os dois cadáveres foram submetidos a exame necroscópico, necropapiloscópico e a testes laboratoriais específicos, confirmando-se que eram, respectivamente, de Maria Eugênia [cadáver C1] e Sebastião [cadáver C2]. Em relação a C1, o perito legista confirmou as lesões descritas pelo perito criminal. Em relação a C2, foi relatada a presença do sinal de Niles, do sinal de Vargas-Alvarado, além de manchas de Paltauf. Quanto à prova das densidades comparadas e ao ponto crioscópico do sangue, foram destacadas alterações na diluição do sangue no hemicoração esquerdo dos dois cadáveres, sendo relatadas hemodiluição/hidremia em C1 e hemoconcentração em C2, com as respectivas características, tais como descritas por Mario Carrara.
A partir dessa situação hipotética, assinale a opção correta.

a) O cogumelo de espuma é um sinal patognomônico de afogamento, de modo que a sua ausência em C2, relatada pelo perito criminal, é suficiente para que o delegado de polícia conclua a investigação excluindo a ocorrência dessa modalidade de asfixia no caso de C2.
b) As lesões descritas pelo perito criminal nos antebraços de C1 não permitem que o delegado de polícia requisite ao perito legista a coleta de material subungueal de C2 para eventual confronto genético.
c) A verificação da diferença na diluição do sangue nos hemicorações esquerdos dos cadáveres permite que o delegado de polícia considere que as duas mortes ocorreram por afogamento em água salgada, uma vez que a informação quanto ao ponto crioscópico do sangue seria irrelevante, pois tal achado seria idêntico tanto em água doce quanto em água salgada.

d) Em relação a C2, enquanto o sinal de Niles faz referência ao encontro de água doce no átrio esquerdo do coração, o sinal de Vargas-Alvarado diz respeito à presença de plâncton na corrente sanguínea.

e) Os achados periciais permitem que o delegado de polícia considere que as duas mortes foram provocadas por afogamento, tendo a de Sebastião ocorrido em água salgada e a de Maria Eugênia, em água doce, ainda que C1 tenha sido encontrado numa praia.

138. **(CESPE/CEBRASPE – 2022 – PC/RJ – DELEGADO)** Policiais civis do Grupo Especial de Local de Crime da Delegacia de Homicídios de Niterói e São Gonçalo [DHNSG] foram acionados para proceder à perinecroscopia em função do encontro dos cadáveres de Beatriz e Rodrigo, recém-casados. No interior do apartamento do casal, localizado no décimo terceiro andar do imóvel A, tanto o delegado de polícia quanto o perito criminal perceberam o seguinte: sobre a cama da suíte principal, havia uma mala com diversas roupas femininas dentro e fora dela; a sala estava em desalinho; a distância máxima do parapeito da varanda em relação à parede oposta do interior do apartamento era de seis metros; na varanda deste imóvel, cujo chão não estava sujo de sangue, foi notada a presença de um estilete limpo e de um vaso de plantas quebrado, com terra derramada. Beatriz e Rodrigo foram encontrados além do muro limítrofe entre os imóveis A e B, já na área externa deste último, respectivamente e de modo perpendicular, a três e a sete metros de distância a partir da linha de projeção traçada com base nos parapeitos das varandas da mesma coluna que o apartamento do casal no imóvel A. Beatriz estava com múltiplas escoriações e equimoses, protusão do globo ocular esquerdo, diversas fraturas da calvária, laceração da massa encefálica, além de uma amputação na altura do terço médio do fêmur da perna direita, cujas bordas eram irregulares, com equimoses ao redor da lesão, tendo sido encontrada a peça anatômica amputada a quinze metros do local em que o cadáver de Beatriz estava. Rodrigo tinha múltiplas escoriações, midríase bilateral e fraturas expostas nos ossos da pelve, na fíbula e na tíbia, além de ter sido constatada, pelo perito legista, a presença da substância metilenodioximetanfetamina no sangue de Rodrigo. A partir de análises das filmagens do circuito fechado de monitoramento do imóvel A, ficou comprovado que o casal estava sozinho no apartamento.

Com base nas informações apresentadas nessa situação hipotética, assinale a opção correta.

a) As fraturas expostas nos ossos da pelve de Rodrigo são incompatíveis com a dinâmica do evento de defenestração.

b) Os elementos obtidos nas perícias e no exame do local dos fatos, em conjunto com a distância entre os cadáveres e a linha de projeção dos parapeitos das varandas do imóvel A, permitem distinguir as causas jurídicas das mortes de Beatriz e Rodrigo.

c) A metilenodioximetanfetamina encontrada no cadáver de Rodrigo é uma substância entorpecente que provoca depressão do sistema nervoso central, sendo estudada e categorizada na classe dos barbitúricos.

d) As lesões na perna direita de Beatriz, conforme descritas pelo perito criminal, permitem que o delegado de polícia conclua a investigação afirmando que a amputação foi provocada pela ação cortante do estilete encontrado na varanda do apartamento do casal.

e) As lesões no cadáver de Rodrigo descritas pelo perito criminal não permitem indicar a provável região anatômica que primeiro tocou o solo após a defenestração.

139. **(CESPE/CEBRASPE – 2022 – PC/RJ – DELEGADO)** No dia 1/1/2022, Bruna compareceu à delegacia de atendimento à mulher em Cabo Frio – RJ, pois estava sentindo dores na região da genitália. Em seu depoimento, relatou que, no dia anterior, estava na casa de amigos, celebrando o Ano Novo, ocasião na qual conheceu Juan, com quem se recordava de ter conversado. Ela afirmou que, em determinado momento, fora levada por Juan para um quarto, ficando os dois a sós, e, embora estivesse sonolenta naquela situação, não havia consentido com a prática de qualquer tipo de ato com conotação sexual. Ela ainda relatou à delegada que havia ingerido apenas bebida alcoólica, que não havia feito uso de medicamentos e que não se lembrava de como retornara para sua residência. Sem ter havido perícia no local dos fatos, a delegada de polícia imediatamente encaminhou Bruna para a realização de exame de corpo de delito. O perito legista relatou equimoses nos seios, na região lateral do quadril e na região cervical de Bruna, tendo recolhido uma amostra de sangue dela, em que foi constatada a presença de fenobarbital, e uma amostra de material da cavidade vaginal, em que ficou evidenciada a presença de antígeno prostático específico e de material genético no sêmen coletado, encaminhados para exame logo em seguida.

Nessa situação hipotética, conforme as disposições do Código de Processo Penal acerca do exame de corpo de delito e da cadeia de custódia, bem como consoante o regramento previsto pela Lei nº 14.069/2021, pelo Decreto nº 7.950/2013 e pela Lei nº 12.037/2009, a delegada de polícia responsável pela investigação deverá:

a) recorrer ao Cadastro Nacional de Pessoas Condenadas por Crime de Estupro, como única forma de identificação do autor da violência sexual contra Bruna, a partir do material coletado no exame de corpo de delito.

b) determinar a juntada, ao inquérito policial, da confirmação da identificação criminal eventualmente obtida a partir dos dados contidos no Banco Nacional de Perfis Genéticos, após fazer ampla e deliberada divulgação sobre estes na imprensa, uma vez que tais dados são públicos e não sigilosos.

c) considerar a imprestabilidade dos vestígios, uma vez que não houve perícia no local do crime, único momento no qual os vestígios poderiam ter sido reconhecidos, fixados e coletados para possibilitar eventual exame de confronto genético.

d) determinar a juntada, ao inquérito policial, do laudo pericial assinado por perito oficial devidamente habilitado, caso seja constatada a coincidência de perfis genéticos entre os dados da amostra coletada do material vaginal e os que constem no Banco Nacional de Perfis Genéticos.

e) seguir a determinação do membro do Ministério Público quanto ao tratamento a ser dado ao vestígio coletado, feita em manifestação individual nos autos do inquérito policial, em detrimento das ordens técnicas exaradas pelo órgão central de perícia oficial de natureza criminal.

140. **(CESPE/CEBRASPE – 2022 – PC/RJ – DELEGADO)** No dia 31/1/2022, Paulo compareceu à delegacia de polícia em Itaperuna – RJ para registrar o desaparecimento de Joaquina, sua irmã, ocorrido no dia anterior. Durante a oitiva dele, policiais civis daquela unidade foram informados por policiais militares sobre o encontro de um cadáver do sexo feminino no interior de uma residência, com as mesmas características de Joaquina. Durante a perinecroscopia, o perito criminal descreveu que a vítima estava manietada, com diversas equimoses, escoriações nos joelhos e amputação bilateral dos pés, correlacionadas ao evento morte. Foi descrita a presença, na região da nuca, de orla/zona excêntrica de grânulos incombustos de pólvora ao redor de lesão circular provocada por projétil de arma de fogo, na qual ficou evidenciada aréola equimótica. Tais fatos foram corroborados pelo laudo do perito legista, que, por sua vez, destacou a presença do sinal de Jellinek na região do tórax e da face.

Nessa situação hipotética, o delegado de polícia responsável pela investigação deve:

a) compreender que a lesão observada na nuca é oriunda da utilização de arma de fogo com cano de alma raiada, uma vez que a produção de orla/zona de tatuagem é exclusiva da utilização desse tipo de armamento.

b) considerar que a orla/zona de tatuagem advém do emprego de um tipo especial de munição com balins e bucha plástica nas armas de fogo com cano de alma lisa, razão pela qual não será observada por ocasião da utilização de armas de fogo com cano de alma raiada.

c) compreender que a ocorrência da orla/zona de tatuagem é um elemento que auxilia na definição da distância aproximada entre atirador e vítima, podendo ser observado no caso da utilização de arma de fogo com cano de alma lisa ou de alma raiada.

d) instaurar inquérito policial para apurar homicídio simples e compreender que as lesões descritas pelos peritos foram produzidas por ação vulnerante perfurante e perfurocortante, além de ter sido utilizada eletricidade industrial.

e) instaurar inquérito policial para apurar homicídio qualificado, haja vista a impossibilidade de defesa de Joaquina, considerando que a orla/zona de tatuagem excêntrica indica perpendicularidade da incidência do projétil de arma de fogo na vítima.

141. **(CESPE/CEBRASPE – 2022 – PC/RJ – DELEGADO)** Um casal de jovens foi encontrado sem vida em cômodo doméstico (banheiro), confinado (com pouca ventilação). Na necropsia, evidenciaram-se, em ambos, a pele e face rosadas, vísceras de cor de cereja, livores carminados, sangue fluido e róseo.

A partir dos achados descritos nessa situação hipotética, é correto afirmar que o tipo de agente químico, a via de exposição e o biomarcador a ser investigado pelo exame complementar são, respectivamente,

a) cocaína, via inalatória e benzoilecgonina e cocaetileno.

b) parationa metílica, via dérmica e oxon análogo (metilparaoxon).

c) monóxido de carbono, via inalatória e carboxi-hemoglobina (CO-Hb).

d) chumbo, via oral e ácido delta amino levulínico (ALA-D).

e) benzeno, via inalatória e ácido hipúrico ou fenilmercaptúrico.

142. **(CESPE/CEBRASPE – 2022 – PC/RJ – DELEGADO)** O chamado tumor do parto (*caput succedaneum*), encontrado em um nascituro, consiste em um dos mais importantes sinais de:
    a) esgorjamento acidental no canal do parto.
    b) prova de vida durante o parto cefálico.
    c) feto natimorto.
    d) infecção pós-aborto.
    e) aborto retido (intrauterino).

143. **(CESPE/CEBRASPE – 2022 – PC/RJ – DELEGADO)** Entre os fenômenos cadavéricos, aquele que pode atingir o feto morto retido do quinto ao nono mês de gravidez no útero materno é chamado de:
    a) mumificação.
    b) saponificação.
    c) corificação.
    d) litopédio.
    e) maceração.

144. **(CESPE/CEBRASPE – 2022 – PC/RJ – DELEGADO)** Suponha que traficantes tenham submetido uma adolescente a violência sexual, em uma comunidade carente do Rio de Janeiro. Nesse contexto, na perícia de casos de conjunção carnal, para o exame objetivo, de natureza específica, deve ser fornecida a informação de:
    a) peso e altura da vítima.
    b) estado geral da vítima.
    c) estado civil da vítima.
    d) aspecto e disposição dos elementos da genitália da vítima.
    e) lesões externas gerais na vítima (como equimoses, hematomas e escoriações).

145. **(CESPE/CEBRASPE – 2022 – PC/RJ – DELEGADO)** No dia 13/6/2021, no município de Santo Antônio de Pádua – RJ, por ocasião dos festejos de seu padroeiro, houve uma explosão acidental de um artefato explosivo composto exclusivamente por pólvora, que havia sido acionado pela vítima numa região descampada, o que culminou no despedaçamento de parte do seu membro superior direito, bem como em queimaduras extremas diversas, conforme descrição no laudo da necropsia.
    Nessa situação hipotética, com base nas lesões descritas pelo perito legista, a autoridade policial deverá afirmar que se trata dos efeitos do *blast* de nível:
    a) quaternário.
    b) primário.
    c) terciário.
    d) secundário.
    e) quinquenário.

146. **(CESPE/CEBRASPE – 2022 – PC/RJ – DELEGADO)** No dia 4/2/2022, H. A. S., com 24 anos de idade, do sexo masculino, foi encontrado morto em quarto de hotel. Na perinecroscopia, o perito criminal descreveu que a vítima foi encontrada com um laço no pescoço, nua, apontando preliminarmente para a possibilidade de suicídio por estrangulamento, pois as câmeras do hotel não haviam registrado entrada ou saída de pessoas do apartamento da vítima, e a porta estava fechada por dentro. Posteriormente, conforme a investigação avançou, a família relatou dados específicos sobre o comportamento sexual da vítima, o que levou o delegado de polícia a considerar a hipótese de morte acidental.

Com base nas informações apresentadas nessa situação hipotética, é correto considerar a hipótese da parafilia denominada:

a) coprolalia.
b) frotteurismo.
c) dolismo.
d) hipoxifilia.
e) clismafilia.

147. **(IBADE – 2017 – PC/AC – AGENTE E ESCRIVÃO)** As lesões por precipitação são provocadas por energia de ordem:

a) química.
b) radiante.
c) elétrica.
d) mecânica.
e) histoquímica.

148. **(IBADE – 2017 – PC/AC – AGENTE E ESCRIVÃO)** A lesão provocada por projétil de arma de fogo disparado a curta distância e que incide perpendicularmente sobre a pele é considerada:

a) bioquímica.
b) biodinâmica.
c) incisa.
d) perfurocontusa.
e) cortocontusa.

149. **(IBADE – 2017 – PC/AC – AGENTE E ESCRIVÃO)** O documento médico-legal mais minucioso de uma perícia médica que visa a responder solicitação da autoridade policial ou judiciária é o(a):

a) atestado médico-legal.
b) notificação.
c) relatório médico-legal.
d) depoimento oral.
e) prontuário médico.

150. **(IBADE – 2017 – PC/AC – AGENTE E ESCRIVÃO)** A atuação do calor de forma direta sobre a pele humana provoca:
    a) queimadura.
    b) fratura.
    c) *blast*.
    d) miliária.
    e) geladura.

151. **(IBADE – 2017 – PC/AC – AGENTE E ESCRIVÃO)** Durante perícia médico-legal realizada por ocasião do óbito de um indivíduo, o perito encontrou na árvore respiratória farta substância sólida, granular, semelhante a resíduos de escombros. Pode-se afirmar que tal indivíduo foi vítima de:
    a) estrangulamento.
    b) exaustão térmica.
    c) soterramento.
    d) enforcamento.
    e) projétil de arma de fogo.

152. **(IBADE – 2017 – PC/AC – AGENTE E ESCRIVÃO)** Os fenômenos cadavéricos são úteis para o diagnóstico da morte, podendo indicar a probabilidade ou a certeza da ocorrência desta. Neste sentido, assinale a alternativa correta.
    a) A putrefação é considerada um fenômeno cadavérico que indica a certeza da morte.
    b) A corificação é um sinal de probabilidade da morte.
    c) A rigidez cadavérica é considerada um fenômeno cadavérico que indica a probabilidade da morte.
    d) A mumificação é um sinal de probabilidade da morte.
    e) A perda da sensibilidade é um sinal de certeza da morte.

153. **(IBADE – 2017 – PC/AC – AGENTE E ESCRIVÃO)** Uma perícia realizada indica que um indivíduo foi encontrado morto em um local em que a lâmina d'água era de vinte centímetros. Dentre os principais sinais externos, o cadáver estava com a face virada para baixo, com baixa temperatura da pele e cogumelo de espuma no interior da boca, além de maceração da derme e pele anserina. Com base nos elementos citados, pode-se presumir que a morte foi provocada por:
    a) estrangulamento.
    b) energia radiante.
    c) instrumento contundente.
    d) afogamento.
    e) instrumento cortocontundente.

154. **(IBADE – 2017 – PC/AC – AGENTE E ESCRIVÃO)** No que diz respeito às perícias realizadas após a ocorrência de crime contra a dignidade sexual, pode-se afirmar que:
    a) é incabível a realização de exames de DNA para determinação do autor de estupro.

- b) é inviável a realização de exames desta natureza em mulheres grávidas.
- c) a ruptura do hímen é um sinal de certeza de conjunção carnal.
- d) não é possível a realização de exames desta natureza em cadáveres.
- e) o delegado de polícia não possui atribuição para solicitar exame de corpo de delito.

155. **(IBADE – 2017 – PC/AC – AGENTE E ESCRIVÃO)** Um mergulhador que sai do fundo de um rio e sobe muito rapidamente pode estar sujeito aos efeitos da descompressão. Tal fato é considerado um:
- a) barotrauma.
- b) afogamento.
- c) fenômeno abiótico imediato.
- d) fenômeno abiótico consecutivo.
- e) fenômeno cadavérico transformativo.

156. **(IBADE – 2017 – PC/AC – AGENTE E ESCRIVÃO)** Durante operação de rotina, a Polícia Militar identificou um indivíduo dirigindo de maneira descontrolada, tendo sido abordado e encaminhado para a Polícia Civil. Ao chegar na Delegacia, os policiais civis perceberam que tal indivíduo estava com andar cambaleante. Encaminhado para perícia no Instituto médico-legal, o perito afirma que o indivíduo examinado está com forte hálito de álcool, taquicardia e congestão das conjuntivas. Pode-se afirmar que estes são sinais que representam:
- a) um exemplo de intermação.
- b) um exemplo de insolação.
- c) manifestações da embriaguez.
- d) um exemplo de síncope térmica.
- e) manifestações das baropatias.

157. **(AOCP – 2022 – POLÍCIA CIVIL/GO – PAPILOSCOPISTA POLICIAL)** Um cadáver foi encontrado em um local de crime próximo ao centro da cidade de Trindade. Observam-se, à inspeção externa, manchas de hipóstase fixas em parte posterior do corpo. Sobre o estudo do tempo da morte, assinale a alternativa correta.
- a) Essas manchas quase sempre se localizam na fossa ilíaca direita.
- b) Essas manchas se estendem a todo o corpo depois do 3º ao 5º dia.
- c) Em geral, essas manchas surgem em média 12h depois da morte.
- d) Esses livores fixam-se definitivamente em torno das 24h *post mortem*.
- e) Na morte, o sangue, pela gravidade, deposita-se nas partes de declive.

158. **(AOCP – 2022 – POLÍCIA CIVIL/GO – PAPILOSCOPISTA POLICIAL)** No município de Anápolis, uma gestante, já em óbito, foi trazida ao hospital por seu esposo. Ao realizar a inspeção do cadáver, a equipe médica acionou a Polícia Civil de Goiás, pois foram observados, no pescoço da vítima, sinais compatíveis com estrangulamento. Assinale a alternativa que apresenta o achado dessa modalidade de asfixia.
- a) Sulco oblíquo ascendente.
- b) Sulco de sentido horizontal.

c) Sulco de profundidade desigual.
d) Sulco interrompido ao nível do nó.
e) Sulco por cima da cartilagem tireóidea.

159. **(AOCP – 2022 – POLÍCIA CIVIL/GO – PAPILOSCOPISTA POLICIAL)**
São exemplos de instrumentos perfurantes:
a) faca e porrete.
b) bisturi e florete.
c) facão e navalha.
d) estilete e cacetete.
e) furador de gelo e agulha.

160. **(AOCP – 2022 – POLÍCIA CIVIL/GO – PAPILOSCOPISTA POLICIAL)**
Em relação aos cáusticos, agentes químicos estudados em Toxicologia Forense, e às lesões provocadas por tais substâncias, assinale a alternativa correta.
a) As substâncias de efeito liquefaciente são aquelas que desidratam os tecidos.
b) As formas de lesão tornaram-se conhecidas como Bertilonagem.
c) As substâncias de efeito coagulante produzem escaras úmidas, translúcidas e moles.
d) Quando criminosas, as lesões mais comuns ocorrem na face, no pescoço e no tórax.
e) As substâncias de efeito liquefaciente causam escaras endurecidas e de tonalidade diversa.

161. **(AOCP – 2022 – POLÍCIA CIVIL/GO – PAPILOSCOPISTA POLICIAL)** Em relação ao estudo da Sexologia Forense, assinale a alternativa que corresponde ao tipo de hímen no qual sua elasticidade pode chegar ao ponto de permitir a penetração de corpos mais calibrosos sem se romper.
a) Hímen múltiplo.
b) Hímen septado.
c) Hímen complacente.
d) Hímen do tipo perfurado.
e) Hímen do tipo cribiforme.

162. **(AOCP – 2022 – POLÍCIA CIVIL/GO – AGENTE DE POLÍCIA)** Três adolescentes foram assassinadas em menos de um mês no município de Aparecida de Goiânia. A Polícia Civil de Goiás segue na linha de investigação na hipótese de se tratar de um mesmo agressor. As vítimas apresentavam congestão da face e das conjuntivas, equimoses arredondadas, escoriações semilunares, apergaminhadas, com rastros escoriativos e em maior quantidade no lado esquerdo do pescoço. Tais lesões observadas corroboram o diagnóstico de:
a) esganadura.
b) degolamento.
c) enforcamento.
d) esgorjamento.
e) estrangulamento.

163. (AOCP – 2022 – POLÍCIA CIVIL/GO – AGENTE DE POLÍCIA) Em uma briga de bar, Seu Antônio foi lesionado no braço esquerdo. Ao procurar a Delegacia de Trindade, a Polícia Civil de Goiás o encaminha ao IML para realizar o exame de corpo de delito. O laudo emitido pelo médico legista descreve a seguinte lesão: ferida linear com regularidade das bordas, ausência de vestígios traumáticos no seu entorno, hemorragia abundante, predominância do comprimento sobre a profundidade e presença de cauda de escoriação. Assinale a alternativa que representa um possível instrumento causador da agressão a Seu Antônio.
a) Navalha.
b) Picador de gelo.
c) Cabo de vassoura.
d) Espeto de churrasco.
e) Projétil de arma de fogo.

164. (AOCP – 2022 – POLÍCIA CIVIL/GO – AGENTE DE POLÍCIA) Assinale a alternativa que pode sugerir uma agressão sexual.
a) Um hímen septado.
b) Um entalhe himenal.
c) Um hímen imperfurado.
d) Uma equimose na mama.
e) Uma chanfradura himenal.

165. (AOCP – 2022 – POLÍCIA CIVIL/GO – AGENTE DE POLÍCIA) O efeito provocado pela exposição do corpo a uma carga de eletricidade artificial é denominado:
a) insolação.
b) intermação.
c) fulguração.
d) fulminação.
e) eletroplessão.

166. (AOCP – 2022 – POLÍCIA CIVIL/GO – AGENTE DE POLÍCIA) As lesões corporais de natureza gravíssima estão presentes no parágrafo 2º do artigo 129 do Código Penal. Sua caracterização está no fato de a lesão resultar em:
a) risco de vida.
b) perigo de vida.
c) debilidade permanente de membro.
d) incapacidade permanente para o trabalho.
e) incapacidade para as ocupações habituais por mais de 30 (trinta) dias.

167. (CESPE/CEBRASPE – 2022 – PC/RO – AGENTE DE POLÍCIA) A perícia médico-legal que tem por finalidade o estudo do tempo da morte, a identificação do cadáver e a determinação da causa médica da morte é denominada:
a) biópsia.
b) datiloscopia.

c) cremação.
d) exumação.
e) necropsia.

168. **(CESPE/CEBRASPE – 2022 – PC/RO – AGENTE DE POLÍCIA)** A traumatologia forense é um ramo da medicina legal:
   a) que estuda a cronotanatognose.
   b) também conhecido como lesonologia.
   c) que estuda as asfixias sob o ponto de vista médico e jurídico.
   d) responsável por estudar a parte de identificação médico-legal.
   e) que define as características antropológicas do ser humano.

169. **(CESPE/CEBRASPE – 2022 – PC/RO – AGENTE DE POLÍCIA)** No caso de perícia envolvendo situações de conjunção carnal, o perito médico-legista deve estar atento a determinados dados, para permitir que o delegado de polícia obtenha informações importantes na investigação criminal.
   Considerando-se as informações apresentadas, é correto afirmar que no exame objetivo genérico:
   a) serão consideradas as informações sobre o local e a hora em que o fato ocorreu.
   b) será destacada a forma pela qual a violência ou grave ameaça foi descrita pela vítima.
   c) serão considerados os aspectos gerais da vítima, tais como peso e altura.
   d) serão observados, cuidadosamente, o aspecto e a disposição dos elementos da genitália.
   e) serão consideradas as informações subjetivas relacionadas às condições psicológicas da vítima.

170. **(CESPE/CEBRASPE – 2022 – PC/RO – AGENTE DE POLÍCIA)** Durante uma perícia realizada em local de encontro de cadáver, numa árvore às margens do rio Jamari, na cidade de Ariquemes, o perito criminal identificou um indivíduo com características típicas de enforcamento típico completo.
   Considerando-se a situação hipotética apresentada, bem como os sinais específicos da referida modalidade de asfixia, é correto afirmar que, nessa situação,
   a) os pés da vítima não tocam o solo.
   b) as mãos da vítima tocam o solo.
   c) as mãos da vítima necessariamente também são amarradas.
   d) os pés da vítima tocam o solo.
   e) os pés da vítima necessariamente também são amarrados.

171. **(CESPE/CEBRASPE – 2022 – PC/RO – AGENTE DE POLÍCIA)** Considerando os aspectos médico-legais do infanticídio, assinale a opção que indica corretamente um dos elementos que configuram essa prática criminosa.
   a) ponto de Beclard.
   b) parafilias.
   c) bandagismo.

d) estado puerperal.

e) necrofilia.

172. **(CESPE/CEBRASPE – 2022 – PC – ESCRIVÃO)** Conforme a literatura médico-legal, o documento que tem por finalidade firmar a veracidade de um fato, ou ainda, a existência de determinado estado ou obrigação, denomina-se:

a) atestado.

b) cabeçalho.

c) preâmbulo.

d) anamnese.

e) consulta médico-legal.

173. **(CESPE/CEBRASPE – 2022 – PC – ESCRIVÃO)** O hematoma é caracterizado pela literatura médico-legal como uma lesão:

a) incisa, proveniente de energia de ordem física.

b) contusa, proveniente de energia de ordem química.

c) cortocontusa, proveniente de energia de ordem bioquímica.

d) contusa, proveniente de energia de ordem mecânica.

e) cortocontusa, proveniente de energia de ordem biodinâmica.

174. **(CESPE/CEBRASPE – 2022 – PC – ESCRIVÃO)** Os fenômenos cadavéricos são instrumentos importantes no diagnóstico da morte, sendo estudados no ramo da tanatologia forense.

Com base nas informações precedentes, assinale a opção que corresponde a um sinal de probabilidade de morte, considerado imediato.

a) autólise.

b) corificação.

c) putrefação.

d) saponificação.

e) perda da consciência.

175. **(CESPE/CEBRASPE – 2022 – PC – ESCRIVÃO)** No ramo da sexologia forense, as parafilias podem ser compreendidas como fantasias, impulsos ou comportamentos sexuais recorrentes que, em determinadas situações, fazem surgir o interesse médico-legal especificamente relacionado a alguma prática criminosa.

Considerando o trecho apresentado, é correto afirmar que a zoofilia também pode ser compreendida como:

a) gerontofilia.

b) clismafilia.

c) frigidez.

d) bandagismo.

e) bestialismo.

176. (CESPE/CEBRASPE – 2022 – PC – ESCRIVÃO) Na literatura médico-legal, tolerância é:

a) a necessidade de doses cada vez maiores da substância que o indivíduo utiliza.

b) uma interação que existe entre o metabolismo orgânico do viciado e o consumo de certa droga.

c) uma síndrome caracterizada por tremores e náuseas.

d) uma síndrome caracterizada por sintomas resultantes de lesões por minúsculos focos hemorrágicos dos nervos cranianos.

e) uma síndrome caracterizada por um quadro clínico de amnésia e desorientação.

GABARITOS

1	C	2	A	3	E	4	A	5	C
6	C	7	E	8	A	9	E	10	C
11	Certo	12	Errado	13	Errado	14	Errado	15	C
16	D	127	B	18	D	19	A	20	B
21	A	22	C	23	A	24	D	25	A
26	B	27	A	28	B	29	C	30	E
31	B	32	D	33	A	34	E	35	D
36	A	37	A	38	C	39	Errado	40	Certo
41	Certo	42	Certo	43	Errado	44	Errado	45	Certo
46	Errado	47	Errado	48	B	49	C	50	B
51	D	52	E	53	B	54	A	55	C
56	A	57	D	58	B	59	C	60	C
61	A	62	C	63	A	64	E	65	B
66	C	67	B	68	D	69	C	70	A
71	D	72	C	73	D	74	B	75	A
76	A	77	B	78	C	79	A	80	C
81	A	82	B	83	D	84	C	85	E
86	B	87	B	88	A	89	D	90	E
91	E	92	D	93	A	94	A	95	E
96	A	97	B	98	C	99	C	100	A
101	B	102	A	103	C	104	D	105	D
106	B	107	C	108	B	109	C	110	E
111	A	112	C	113	A	114	C	115	E
116	E	117	A	118	C	119	E	120	C
121	D	122	B	123	B	124	E	125	D
126	E	127	A	128	B	129	A	130	A
131	B	132	D	133	E	134	B	135	A
136	B	137	E	138	B	139	D	140	C
141	C	142	B	143	E	144	D	145	B
146	D	147	D	148	D	149	C	150	A
151	C	152	A	153	D	154	C	155	A
156	C	157	E	158	B	159	E	160	D
161	C	162	A	163	A	164	D	165	E
166	D	167	E	168	B	169	C	170	A
171	D	172	A	173	D	174	E	175	E
176	A								